On the Road

Mit dem Campervan durch **Nordspanien**

Mareike Busch

On the Road

Mit dem Campervan durch **Nordspanien**

BRUCKMANN

Inhaltsverzeichnis

Oben: Blume zwischen den galicischen Dünen
Unten: Bett mit Meerblick am Playa de Gerra

Standplatz direkt am Meer am Praia de Fornos

Nordspanien für Naturliebhaber

VON DEN PYRENÄEN BIS ANS ENDE DER ERDE

Es gibt zwei Arten von Reisenden: diejenigen, die immer alles genau planen, damit nichts schief geht und sie nichts verpassen und diejenigen, die ohne Plan losfahren. Wir gehören zur zweiten Sorte und haben uns auf diese Reise mit dem Ziel »Nordspanien« aufgemacht. Eigentlich würde ich aber gerne zur ersten Sorte gehören. Ich mache mit nämlich immer Gedanken darüber, dass ich etwas verpassen könnte, wenn ich irgendwo vorbeifahre. Praktisch schaffe ich das Planen vor einer Reise aber nie und so beschränkt sich das auf die seltenen Blicke in einen zu alten Reiseführer, während wir schon unterwegs sind. Vor Ort entscheiden wir uns dann anhand von Karten und den Empfehlungen von anderen Reisenden. Ich nehme mir immer vor, mich einfach treiben zu lassen. Doch das ist für mich manchmal gar nicht so einfach. Denn wer das macht, bei dem kann auch mal was schief gehen. Wer sich nicht informiert, landet eben auch mal an Orten, die nicht so schön sind. Auf der anderen Seite ist da das Potenzial, etwas Besonderes zu finden, das in keinem Reiseführer steht. Also führt mein persönlicher Weg über die Schienen der Akzeptanz, dass nicht immer alles so sein kann, wie ich es mir vorstelle. Und das ist auch in Ordnung so.

Es gibt noch ein weiteres Unterscheidungsmerkmal für Reisende: Die einen gehen alles ruhig an und vermeiden Stress jeder Art. Die anderen wollen viel erleben und haben Hummeln im Hintern, wenn sie mehr als einen Tag am Strand verbringen sollen. Ich bin die mit den Hummeln. Damit ich mich auch ab und zu mal entspanne, habe ich den Maxi dabei, der den ganzen Tag mit Lesen und Kaffeetrinken verbringen könnte. Zusammen fahren wir Orte an, an denen wir uns beide wohlfühlen. Diese befinden sich meist fern von Städten in der Natur. In Nordspanien mit seiner schönen Küste liegen sie natürlich meist am Strand. Hier können wir es gemütlich angehen lassen und auch Wandern, Radfahren oder Surfen gehen. Die typischen Sehenswürdigkeiten lassen wir dabei meist aus. Aber die stehen ja auch in jedem anderen Reiseführer und im Internet.

Vom Meer direkt in die Berge: Rastplatz in den Picos de Europa

D.O.P. CABRALES

Auf einer Reise hat man meist nur begrenzt Zeit. Da ist es ganz klar, dass man nicht alles sehen kann, sondern nur einen Teil. Dieses Buch beschreibt alle Orte, die wir auf unserer Route durch Nordspanien besucht haben und lässt dabei auch die Plätze nicht aus, die uns im Vergleich weniger gefallen haben, da diese Bewertung natürlich immer subjektiv ist. Dazu diese kurze Anekdote: An einem Strand haben wir geparkt, sind ausgestiegen und waren nach wenigen Minuten kurz davor, gleich weiterzufahren. Doch wir kamen ins Gespräch mit anderen deutschen Urlaubern, die uns erzählten, dass das ihr Lieblingsplatz auf ihrer Reise ist.

Eine Campingreise durch Nordspanien kann auch viel mit den Leuten zu tun haben, denen man unterwegs begegnet. Wir haben mit Spaniern, Briten, Franzosen, Belgiern, einem Italiener, Schweizern, Österreichern, einer Dänin und natürlich Deutschen gesprochen. Denn die Urlauber aus unserem Heimatland machen hier schätzungsweise locker ein Drittel aller Camper aus. Die meisten sind sehr offen und man sitzt schnell bei einem Kaffee oder Bier zusammen. Einige unserer schönsten Tage haben wir den netten Nachbarn um uns herum zu verdanken.

Oben: Eine Spezialität in den Picos de Europa Schimmelkäse
Unten: Blick aufs Meer in Tapia de Casariego

Besonders schön an Nordspanien ist, dass hier die Berge so nah am Meer liegen. Wirklich hoch sind die Gipfel nur in den Pyrenäen und in den Picos de Europa. Aber auch sonst ist das Land an der Küste kaum je richtig flach. Mit den schroffen Felsküsten und den steinigen Gipfeln kann die Natur hier ganz rau sein. Grüne Hügel und feine Sandstrände zeigen aber auch eine sanfte Seite. Apropos Strände: Davon gibt es in Nordspanien so viele, dass man sie fast nicht zählen kann.

Fährt man wie wir die komplette Küste entlang bis nach Galicien am nordwestlichen Ende der iberischen Halbinsel, bekommt die Reise ein besonderes Ziel: Hier liegt das Kap Fisterra, das einst für das Ende der Welt gehalten wurde. Aber eigentlich kann man die gesamte Strecke mit Bedeutung aufladen, wenn man das möchte. Denn schließlich sind wir hier auch auf dem Jakobsweg unterwegs – obwohl uns das die wandernden Pilger wahrscheinlich nicht durchgehen lassen würden.

Unsere Route ist im Sinne der Übersichtlichkeit in mehrere kleine Touren aufgeteilt. Wer viel Zeit hat, setzt die einzelnen Touren einfach zu einer großen Reise zusammen. Da der Urlaub auf vier Rädern unter anderem auch so schön ist, weil man viele interessante Leute kennenlernt, haben wir auch beliebte Standplätze nicht gescheut. Wichtig war uns, dass es einigermaßen ruhig und eben ist, sodass wir gut schlafen können. Außerdem sollten unsere Tagesaktivitäten möglichst direkt von der Tür liegen. Wenn die Aussicht dann noch schön ist, haben wir einen perfekten Platz für uns gefunden.

Da eine Reise auch durch den Magen geht, haben wir ausgiebig gekocht und Spezialitäten probiert. Unsere Standplätze waren häufig ein gutes Stück vom nächsten Ort entfernt. Deshalb waren wir selten essen und haben unsere Gerichte fast immer selbst zubereitet. Die leckersten, von der spanischen Küche inspirierten Rezepte habe ich zum Nachkochen aufgeschrieben.

Dieses Buch ist für alle Nicht-Planer, die unterwegs doch mal einen Anhaltspunkt brauchen. Es ist für alle Planer, die auch mal spontane Entscheidungen treffen wollen. Und natürlich ist es auch für alle, die zuhause auf dem Sofa von ihrer nächsten Reise träumen.

Danke an alle, die diese Reise so schön gemacht haben, und an alle freiwilligen Surflehrer!
Danke an die Karawane für die unvergesslichen Tage!
Danke an Maxi – den Ruhepol, Hummelbändiger und Fahrer der Reise!

Buen viaje
Mareike

Blick auf den Playa de Frejulfe vom Küstenwanderweg

Vor und während der Reise

WICHTIGE INFOS UND TIPPS

Die Atlantik-Route in Nordspanien ist die richtige für Surfer und soziale Camper. Hier ist man selten wirklich allein. Dafür lernt man viele andere Reisende kennen. Deshalb eignet sich eine Tour durch die Regionen Baskenland, Kantabrien, Asturien und Galicien auch gut für die erste Reise auf vier Rädern. Für Erstlinge und Erfahrene haben wir hier ein paar Tipps zu Reise und Region zusammengefasst.

Das Gefährt

Was braucht man alles für so einen Urlaub? Eigentlich nur ein Gefährt, in dem man schlafen kann. Das kann ein luxurlöses Wohnmobil, ein selbst ausgebauter Transporter oder auch nur ein Pkw mit einer Matratze im Kofferraum sein. Alternativ kann man sich auch einen Camper nur für den Urlaub mieten. Wer genau dieselbe Strecke fahren möchte wie wir, bekommt im Allgäu bei Mein Bulli (www.mein-bulli.com) einen voll ausgestatteten VW T3 und damit Nostalgie auf vier Rädern.

Oben: Zwischenstopp am Thunersee in der Schweiz
Unten: Auch auf einem Autobahnrastplatz können wir es uns gemütlich machen.

Unser Reisemobil ist ein VW T5 Transporter. Viele andere Camper haben einen Namen, unserer heißt nur »Bus« oder »Auto«. Für einige Straßen und Standplätze in diesem Buch ist es gut, wenn das Gefährt nicht allzu riesig ist. Wir sind überall gut durchgekommen, aber es war schon manchmal etwas eng.

Übernachten

Wildes Campen ist in Spanien verboten. Jede Autonome Region Spaniens hat dafür ein eigenes Gesetz. Und im Gesetz ist das Definitionssache. Es ist es nicht ganz einfach, durch den Dschungel der Verbote durchzusteigen. Auch die Gemeinden können für ihr Gebiet zusätzliche Regeln haben.

Ein Unterschied besteht zwischen Parken und Campen. Wer regelkonform auf einem Parkplatz parkt, darf keine Tische und Stühle rausstellen oder die Markise aufspannen. Er darf aber im Inneren seines Reisemobils kochen, essen und auch schlafen. Hier greift das spanische Verkehrsgesetz. Klar ist: Nicht übernachten sollte man in ausgewiesenen Naturschutzgebieten. Auch gibt es ein spezielles Gesetz zum Schutz der Küsten, auf das sich die spanischen Autoritäten zum Beispiel berufen können, wenn Offroad-Camper sich direkt an die Küste stellen.

Unserer Erfahrung nach wird das reine Übernachten – also wenn man nichts rausstellt – an den meisten Orten geduldet. Da in Nordspanien an der Küste viele Surfer Urlaub machen, sind mehrere Camper an einem Strand üblich und diese Art von Reisenden ist für die Spanier nicht neu. Auch immer mehr Einheimische sind zum Beispiel übers Wochenende mit ihrem Camper unterwegs. Meist beschwert sich keiner, solange man sich nicht allzu breit macht. Wir haben die Polizei oft gesehen, aber meistens ist sie nur eine Runde gefahren und hat nach dem Rechten geschaut. Wer frei stehen möchte, dem empfehlen wir, darauf zu achten, keine Anwohner oder Autoritäten zu ärgern. Das heißt, nicht zur Hauptsaison im Juli und August kommen, wenn sowieso schon alles voll ist. Nicht auf komplett überfüllte Parkplätze stellen und den Tisch und die Stühle aufbauen. Den Anwohnern freundlich begegnen. Die Situation kann sich von einem aufs nächste Jahr ändern – vor allem, wenn die Anwohner genug von den Campern haben.

Wie man sich verhält, bleibt jedem selbst überlassen. Wenn nicht viel los ist, stellen wir schon einmal unsere Stühle und den Tisch zum Abendessen raus. Wenn es regnet, spannen wir die Markise auf, damit wir nicht sofort komplett durchnässt sind, wenn wir vor die Tür treten. Bei schlechtem Wetter sind sowieso wenig Leute unterwegs, die wir damit stören könnten. Als Alternative gibt es natürlich immer auch noch offizielle Camping- und Stellplätze.

Nachhaltiges Verhalten

Nichts ist an einem schönen Platz abstoßender als der Blick hinter die Büsche: Leider liegen hier vielerorts haufenweise Klopapier und auch der ein oder andere Haufen im Wald oder zwischen den Dünen. In der Strandsaison zwischen Juni und Mitte September gibt es an allen größeren Stränden öffentliche Toiletten. An den Duschen am Strand und teilweise sogar in Kabinen lässt sich das Salz von Haut und Neoprenanzug waschen. Hier bitte weder Duschgel noch Shampoo benutzen, da das Wasser direkt an den Strand läuft. Sind die Toiletten geschlossen, bleibt einem oft nichts anderes übrig, als die Natur als Toilette zu benutzen. Um das so verträglich wie möglich zu gestalten, braucht man fürs große Geschäft eine kleine Schaufel. Damit begibt man sich möglichst weit weg vom Standplatz und gräbt ein ungefähr 15 Zentimeter tiefes Loch, das man gefüllt dann

Eng, aber gemütlich: Abend im Bus

SKYJO

FUENTE DE
JESUS EL PREGONERO
1985

wieder zuschaufelt. Klopapier auf jeden Fall wieder mitnehmen und im Mülleimer entsorgen.

Vielleicht das Nervigste am Campen: Geschirr spülen und das jeden Tag und ständig, weil man ja nicht so viel dabeihat. Dafür braucht man biologisch abbaubares Spülmittel und eine Schüssel. Wenn es keine Toiletten gibt, in denen man das Schmutzwasser entsorgen kann, dann mit einem Trichter in einen Schmutzwasserkanister füllen und bei der nächsten Möglichkeit entleeren. Wer das Wasser gleich loswerden möchte, sollte alle groben Speisereste vor dem Spülen entfernen und in den Müll schmeißen.

Die Frage der Nachhaltigkeit kann man sich auch bei der Standplatzsuche stellen. In Nordspanien sind so viele Camper unterwegs, dass man zumindest darüber nachdenken sollte, ob es eine gute Idee ist, ohne Weg über ein Feld zu fahren, um direkt an der Küste zu stehen. Wenn das einer macht, hat das vielleicht keine allzu großen Auswirkungen. Wenn dasselbe allerdings viele Leute machen, wird aus einem Feld am Ende eines Sommers eher ein Parkplatz.

Frisches Wasser finden Reisende in Spanien an vielen öffentlichen Orten.

Wir halten uns deshalb häufig an Parkplätze und Parkbuchten oder Felder, die Bauern für Camper freigeben. Wir suchen natürlich einen schönen Platz für die Nacht, aber es ist uns auch wichtig, dort zu stehen, wo wir am nächsten Tag unsere Aktivitäten gleich vor der Bustür haben. Das heißt, dass wir vom Auto direkt zum Surfen, Radeln und Wandern starten können.

Wasser

Wasser bekommt man an vielen öffentlichen Plätzen: häufig am Strand und auf vielen Spielplätzen, außerdem an Picknick- und Rastplätzen sowie an Tankstellen. Picknickplätze findet man in Spanien in touristischen Regionen häufig – oft einfach direkt an der Landstraße oder in der Nähe von Sehenswürdigkeiten. Sie sind neben Frischwasser auch mit Bänken und Tischen, im besten Fall sogar mit Grillstellen ausgestattet. Auch Müllcontainer sind hier zu finden.

Das Leitungswasser ist in Spanien häufig in sehr geringer Dosis gechlort, um Keime unschädlich zu machen. Das schmeckt man und veranlasst viele Camper dazu, Wasser in Kanistern im Supermarkt zu kaufen. Wir haben nie Wasser gekauft und bis heute kein Problem damit gehabt. Zugegeben, an den Geschmack muss man sich gewöhnen. Es lohnt sich auf jeden Fall immer, das Wasser aus einem öffentlichen Hahn erst zu probieren, bevor man es literweise abfüllt. Manches schmeckt viel besser als anderes.

Müllentsorgung

Mit ihrem Müll haben Camper in Spanien wenig bis keine Probleme. Container sind öffentlich zugänglich und stehen einfach an der Straße oder auch auf Parkplätzen. Es wird um Mülltrennung gebeten: In die gelben Container kommen Verpackungen aus Plastik und Alu. Blau steht für Papier und Karton. Die runden grünen Behälter sind für Glas. Sie sind mit »vidrio« gekennzeichnet. In die anderen grünen Container darf der Rest geschmissen werden.

Diebstahl

Wenn man unterwegs ist, hört man immer wieder von Reisenden, deren Camper aufgebrochen wurde. Das Risiko scheint in der Hauptsaison und auf Parkplätzen von gut besuchten Stränden sowie in den sehenswerten Städten besonders groß zu sein. Wichtig ist, dass keine Wertgegenstände von außen sichtbar im Auto liegen. Viele spanische Strandgänger und Surfer benutzen große Schlösser, in denen sie ihren Autoschlüssel sicher am Türgriff festsperren können. So kann der Autoschlüssel nicht vom Strand geklaut werden, während man im Wasser ist. An den großen und beliebten Stränden gibt während der Saison oft auch Parkplatzwächter. Wer sich in den Städten unsicher ist, fährt einfach einen bewachten Parkplatz an.

Außerdem gibt es Banden, die einen mit Tricks dazu bringen, sein Auto zu verlassen. Zum Beispiel wird auf der Autobahn signalisiert, dass etwas mit dem Auto nicht in Ordnung wäre und man auf den Standstreifen fahren soll. Hier werden Fahrer und Beifahrer dann zum hinteren Autoteil gelockt, sodass an der Fahrerseite ein Komplize einsteigen kann und den Fahrerraum ausräumen kann. Einem solchen Trick kann man gut begegnen, indem man ruhig bleibt und sich nicht in Stress versetzen lässt. Wer erst einmal zehn Sekunden nachdenkt, kommt schnell auf die Idee, dass etwas nicht mit rechten Dingen zugeht.

Gas und Spiritus

Die meisten Campingkocher laufen mit Gas. Wir haben von verschiedenen Campern gehört, dass sie mit dem Nachschub Probleme hatten. Wieder andere haben erzählt, dass sie einfach an einer Tankstelle eine neue Gasflasche gekauft haben. Dabei muss man einfach etwas Glück haben und man hat wohl mehr Chancen, wenn man nicht zu den großen Verkäufern von Gasflaschen (Repsol und Cepsa) geht, sondern zu einer kleineren Tankstelle. Denn eigentlich braucht man in Spanien für den Kauf von Gasflaschen einen Vertrag mit einer »Agencia Distribuidora de Gas Butano y Propano«, was natürlich aufwendig ist und

Camper haben immer viel zum Aufräumen.

auch nicht umsonst. Wer eine leere spanische Gasflasche hat, kann diese einfach an einer Tankstelle gegen eine volle tauschen. Man kann eine solche zum Beispiel anderen Campern abkaufen. Dann braucht man aber immer noch einen spanischen Adapter, um die Flasche am deutschen Gasschlauch anzuschließen. Diesen kauft man am besten noch in Deutschland, dann kann man gleich das richtige Gewinde für den deutschen Schlauchanschluss dazunehmen. Wer eine Tankflasche hat, kann diese an Tankstellen mit LPG-Gas auffüllen, wenn er den richtigen Adapter dabeihat. Einfacher ist es also, mit genug Gas aus Deutschland anzureisen, wenn man dafür nicht zu lange unterwegs ist. Kleinere Gaskartuschen bekommt man einfach bei Decathlon. Den Discounter-Sportmarkt gibt es in der Nähe von so ziemlich allen größeren Städten und er ist mit dem Auto meist gut zu erreichen.

Wir kochen mit Spiritus. Der ist in Spanien auch nicht so leicht zu bekommen wie in Deutschland. Es gibt den »Alcool de quemar«, der bei uns aber nicht so gut gebrannt hat, was wohl daran liegt, dass es sich dabei um Methanol handelt. Eine Alternative ist der »Alcool sanitário« oder »etílico«. Das ist Ethanol und hat in der Ausführung mit 96 % gut gebrannt. Damit haben wir uns meist in den asiatischen »Wir-verkaufen-alles-Läden« eingedeckt. Dazu mehr im nächsten Punkt.

Oben: Typisch spanisch – Tapas und Bier
Unten: Frühstück in der Sonne

Einkaufen und Essen gehen

Am schönsten lässt es sich natürlich auf Märkten im Freien einkaufen. Die Realität sieht aber anders aus, denn die Märkte haben nicht täglich geöffnet. Wenn das Essen knapp wird, fährt man oft einfach zum nächsten Supermarkt. In den Dörfern gibt es meist nur sehr kleine Geschäfte mit wenig Auswahl. Wer hier einkaufen möchte, sollte die Siesta-Zeiten im Kopf haben. Es kann gut sein, dass ein Geschäft nachmittags zwischen 14 und 17 Uhr geschlossen hat.

Das andere Extrem sind die Riesenläden in den Centros Comerciales (Einkaufszentren), die oft sehr nah an den Autobahnen liegen. Hier bekommt man alles, was man braucht und noch viel mehr. Als Süddeutsche sind wir immer von der Auswahl an Fisch und Meeresfrüchten überwältigt und neigen dazu, naiv zu sein. Beim Kauf sollte man sich aber bewusst sein, dass nur ein Teil der angebotenen Ware wirklich aus dem Meer vor Ort kommt. Ob der Fisch aus dem Pazifik oder dem Golf von Biskaya kommt, verraten die Schilder. Lokale Produkte sind häufig mit dem Wappen der Autonomen Gemeinschaft, in der man sich gerade befindet, gekennzeichnet. Auch exotische Früchte wie Mangos und Avocados gibt es aus spanischem Anbau.

Krimskrams und allerlei Nützliches gibt es in den sogenannten »Chinos«, die meist von Spaniern asiatischer Herkunft geführt werden und eine Institution in Spanien sind. Hier gibt es Geschenke, Stricknadeln, Spiele, Werkzeuge und gekühlte Getränke. Auch wenn man etwas Ungewöhnliches braucht, wird man hier nach einigem Suchen oft fündig. Wir haben hier zum Beispiel einen neuen Dichtungsring für unseren Kaffeekocher bekommen.

Wer ein Restaurant besuchen möchte, sollte die spanischen Essenszeiten im Hinterkopf haben. Mittagessen gibt es etwas später als in Deutschland, zwischen 13 und 15 Uhr. Manche Restaurants haben bis 16 oder 16.30 Uhr geöffnet. Mittags gibt es in den meisten Restaurants ein »Menú del Día«, das man schon ab zehn Euro bekommen kann. Es besteht aus Vorspeise, Hauptgericht sowie Nachtisch und/oder Kaffee. Auch Wasser und Wein sind normalerweise im Preis inbegriffen. In einigen Restaurants bekommt man ein solches Menü auch zum Abendessen. Das essen die Spanier erst ab 21 Uhr. Deshalb öffnet viele Restaurants frühestens um 20 Uhr wieder ihre Türen. Die Spanier bestellen als Gruppe gerne mehrere Gerichte zusammen und teilen dann alles. Dafür eignen sich die großen Geschwister der Tapas, die »Raciones«. Diese gibt es je nach Angebot als ganze (»entera«) oder halbe (»media«) Ración.

Auch frühstücken kann man in spanischen Cafés gut, obwohl diese Mahlzeit für die Spanier gar nicht so wichtig ist wie für Deutsche. Die Angebote fürs »Desayuno« bestehen meist aus einem Kaffee, frischem Orangensaft und einer »Tostada«. Das ist geröstetes Brot, das klassischerweise mit Olivenöl und einem Aufstrich aus frischer Tomate serviert wird. Natürlich gibt es auch Schinken und Käse. Wer es süß mag, bekommt auch Croissants oder andere Gebäcke. In Cafés und Bars ist oft Selbstbedienung – ohne, dass das irgendwo stehen würde. Grundsätzlich bekommt man sein Getränk meist schneller, wenn man einfach an die Bar geht.

Die Spanier geben im Vergleich zu Deutschen sehr wenig Trinkgeld. Sie lassen manchmal ein paar wenige kleine Münzen vom Rückgeld liegen. Aber natürlich freuen sich alle Kellner und Kellnerinnen auch über ein deutsches Trinkgeld. Praktisch für alle, die kein Spanisch können: Man bekommt die Rechnung an den Tisch und legt sein Geld darauf. Das wird zusammen wieder mitgenommen. Anschließend wird das Rückgeld an den Tisch gebracht. Das Trinkgeld lässt man einfach liegen.

Mautgebühren

In Spanien gibt es kostenlose Autovías (A) und kostenpflichtige Autopistas (AP).
Es überwiegen die kostenlosen Autobahnen.

Abendliche Runde Kniffel am Meer

Außerdem ist Spanien gerade dabei, einige Autopistas zu verstaatlichen und die Maut zu senken oder ganz abzuschaffen. Mit hohen Mautgebühren muss man in Nordspanien also nicht rechnen. Dafür zahlt man bei der An- und Abreise in Frankreich einiges, wenn man das Land schnell durchqueren möchte.

Navigation und Straßen

Den richtigen Weg zu finden, ist heutzutage mit Navigationsgeräten und Smartphones kein Problem mehr. Man darf dabei nur seinen eigenen Verstand nicht ausschalten, denn in Spanien können die Straßen richtig eng und noch dazu von beiden Seiten zugebaut sein. Auch der Straßenbelag hat stellenweise schon sehr viel bessere Tage gesehen. Seitdem wir einmal in Südspanien in eine Straße hineingefahren sind, in der wir nur haarscharf um die Kurven gekommen sind, handhaben wir das so: Wenn wir in eine Straße reinsehen und kein gutes Gefühl haben, dann fahren wir nicht rein. Entweder gibt es einen anderen Weg oder wir fahren eben weiter.

Neben der Darstellung in Landkarten – sicherheitshalber haben wir immer eine dabei – helfen auch die Namen und Farben der Straßen, diese einzuschätzen. Außer auf den Autobahnen fährt man oft auf Straßen, die mit einem »N« benannt sind. Dieses steht für »nacional« und bezeichnet meist gut ausgebaute Landstraßen. Sie gehören zum staatlichen Straßennetz. Für andere Landstraßen sind die Autonomen Gemeinschaften, Provinzen oder Gemeinden zuständig. Sie sind nach ihrer überregionalen Wichtigkeit in drei Kategorien aufgeteilt: Die orange gekennzeichneten können sehr gut ausgebaut sein. Grün markiert weniger wichtige Straßen und Gelb steht für Wege, die nur lokal wichtig sind. Mit dieser Hierarchie nimmt oft auch die Qualität der Straßen ab.

Oben: Routenplanung mit Meerblick
Unten: Aperitiv über den Wellen

Beste Reisezeit und Wetter

Die beste Reisezeit ist für mich für das Baskenland, Kantabrien und Asturien eindeutig der Herbst im September und Oktober. Da ist es meist noch warm und recht sommerlich, es ist aber nicht mehr so viel los. Den Juli und vor allem den August würde ich möglichst meiden, da dann auch fast alle Spanier Urlaub machen. Eine zeitliche Alternative ist der Frühsommer im Mai und Juni. Dann ist es durchschnittlich ein wenig kälter als im Herbst, aber in der Sonne schon schön. Ab Mitte Oktober hat es bei uns in Galicien fast nur noch geregnet. Freunde von der Reise, die jeden Herbst zum Surfen dort sind, haben erzählt, dass das Wetter in Galicien jedes Jahr im Oktober auf einmal richtig schlecht wird und sich nicht mehr bessert. Wer also Galicien besuchen möchte oder eine längere Tour vorhat, fährt vielleicht schon Mitte August los oder beginnt seine Reise Anfang September in Galicien und fährt dann langsam nach Osten. Zu Galicien gehört eine sehr lange Küste, sodass sich die Urlauber gut verteilen. So findet man – mit etwas Entfernung zu den größeren Städten – auch im Hochsommer weniger belebte Plätze.

Beim Wetter sollte man sich nichts vormachen: Es ist sehr unwahrscheinlich, dass man in Nordspanien einen Urlaub ohne Regen verbringt. Bei Südspaniern hat Nordspanien gar den Ruf, dass es dort immer regnet. Da hilft nur vorbereitet zu sein: Regenschutz für draußen sowie Beschäftigungen für drinnen sind wichtig. Wir haben immer Spiele und viele Bücher dabei. Sollte man mal kein Spiel zur Hand haben, lässt sich zum Beispiel »Schiffe versenken« schnell auf zwei Blatt Papier zeichnen. Auch Brettspiele wie »Mensch ärgere dich nicht« lassen sich mit Papier, Stift und ein paar Muscheln oder Kronkorken selbst basteln. Wenn auch der Würfel fehlt, kann man sich mit einer Würfel-App behelfen. Und was braucht es noch? Optimismus. Es lohnt sich nicht, sich über schlechtes Wetter Sorgen zu machen, wenn man noch nicht weiß, ob es wirklich schlecht wird. Eine Portion Flexibilität ist außerdem gut. Wenn das Wetter wirklich so schrecklich ist, dass die Reise nicht mehr so recht Spaß machen will, muss man sich eben den nächsten Ort suchen, an dem das Wetter besser ist und dort hinfahren. An Regentagen sind wir immer besonders froh über unsere drehbaren Sitze. So haben wir viel mehr Raum im Inneren des Busses.

Wenn man bei Regen doch einmal rausgeht und danach die Klamotten ganz nass sind, ist es gut, wenn man einen Ort für das feuchte Zeug hat – zum Beispiel eine Plastikkiste. So eine haben wir auch für die nassen Neoprenanzüge dabei. Bei uns ist so wenig Platz, dass wir nasse Sachen drinnen höchstens noch im Fahrerraum aufhängen können, ohne allzu viel Anderes voll zu tropfen.

Aber nicht nur auf Regen sollten Reisende sich vorbereiten. Sonnencreme ist in Spanien vergleichsweise teuer. Die bringt man also besser von zuhause mit. An den Stränden mangelt es fast immer an Schattenplätzen. Deshalb macht man es am besten den Spaniern nach und bringt seinen eigenen Sonnenschirm mit.

Routine

Eine Reise im Camper bedeutet auch eines: tägliches Aufräumen und Putzen. Denn auf so engem Raum kann man einfach nichts liegen lassen und auch das Geschirr lässt sich nicht über zwei Tage vernachlässigen. Es ist wichtig, dass alles seinen Platz hat, wo es auch während der Fahrt sicher ist. Am besten ist es, sich

Oben: Bett mit Meerblick
Unten: Dünenweg zum Praia do Esteiro

eine Routine anzugewöhnen, damit man vor der Abfahrt nichts vergisst. Alle Schubladen sollen geschlossen sein, es soll nichts mehr herumstehen, das sich während der Fahrt bewegen kann.

Packen

Dem Aufwand beim Aufräumen kann man auf eine effektive Weise entgegenwirken: nicht so viel mitnehmen. Eigentlich braucht man nie mehr Klamotten, als man für eine Woche einpacken würde – selbst wenn man drei Monate unterwegs ist. Gerade wenn man viel Zeit am Strand verbringt, braucht man nicht viel zum Anziehen. Wichtig ist, dass man auch etwas Warmes zum Überziehen und regenfeste Sachen dabeihat. Hat man mal ein Waschbecken zur Verfügung, kann man Unterwäsche und Socken schnell auswaschen. Wenn sich mehr Dreckwäsche angehäuft hat, nutzt man einen Waschsalon. Wer viel liest, kann einen E-Book-Reader mitnehmen. Über viele Bibliotheken kann man inzwischen auch digitale Bücher ausleihen.

Hat man im Camper aber sowieso viel Platz, kann man natürlich auch Sachen mitnehmen, die man eventuell gebrauchen kann und die einem Freude machen. Vor der Reise haben wir noch hin- und herüberlegt, ob wir wirklich die Feuerschale mitnehmen sollen. Unterwegs haben wir sie dann fünf Mal benutzt und das waren immer sehr schöne Abende. Wir haben auch ein paar Werkzeuge mitgenommen und Maxi konnte bei uns und anderen Campern Kleinigkeiten reparieren.

Unser Surfbrett-Talisman vor der Küste bei Galizano

Immer mit der Ruhe

Wenn es an einem Ort schön ist, kann man einfach bleiben. Das ist wohl die größte Freiheit im Urlaub mit dem Camper. Aber auch dort, wo es nicht so schön ist, kann man es sich mit eine bisschen Mühe einfach schön machen. Denn wer ehrlich ist, weiß, dass man nicht immer an einem wunderschönen Platz direkt am Meer steht. Manchmal steht man auch auf einem Autobahn-Rastplatz oder dem Parkplatz eines Friedhofs. Das lässt sich kaum vermeiden.

Ebbe und Flut

Wer an der Atlantikküste von Spanien unterwegs ist, wird sich häufig täglich dieselbe Frage stellen: Ist gerade Ebbe oder Flut? Räumen wir erst mal mit den Begriffen auf: Ebbe bezeichnet den Vorgang, wenn das Wasser sich von seinem höchsten Punkt zurückzieht, bis es am niedrigsten Punkt angekommen ist. Flut benennt den gegenläufigen Vorgang, wenn das Wasser wieder steigt. Die Extrempunkte heißen Hochwasser und Niedrigwasser. Bei wenig Wasser kann es schon mal sein, dass man am Strand einige Minuten laufen muss, bis man ins Meer springen kann. Wer bei Flut auf dem Sand faulenzt, muss aufpassen, dass er nicht von einer Welle überrascht wird. Das kann manchmal ganz schön schnell gehen. Über die Gezeiten informiert man sich online. Oft hängen auch Tabellen am Strand aus.

Fahrradträger

Wer einen Fahrradträger dabeihat, ist in Spanien verpflichtet, diesen mit einem roten-weißen Warnschild zu kennzeichnen. In Deutschland war es gar nicht so einfach, dieses noch kurz vor Beginn der Reise zu besorgen. Deshalb sind wir direkt hinter der französisch-spanischen Grenze zum ersten Decathlon bei Irun gefahren. Dort gibt es genau die richtigen Schilder – denn es tut natürlich auch nicht irgendeines mit roten und weißen Streifen. Wenn man es ganz genau nimmt, brauchen die meisten Fahrradträger sogar zwei Schilder. Nämlich dann, wenn die Räder und der Träger über die Karosserie links oder rechts hinausragen. Wir haben auf der ganzen Reise allerdings keinen anderen Fahrradträger mit zwei Schildern gesehen – auch nicht an spanischen Autos. Aus Gummiband und kleinen Stecken haben wir uns Befestigungsschlingen gebastelt, damit wir die Schilder schnell an- und abmontieren können.

Tankstellen

Eine Tankstelle zu finden, ist in Nordspanien normalerweise kein Problem. Hat man an einer Zapfsäule geparkt, kann es aber schon mal zu Verwirrung kommen. Manchmal stehen da Tankwarte, die die Arbeit für einen übernehmen. Sie fragen, was sie tanken sollen – »gasolina« oder »gasóleo/diesel« – und für wie viel Geld. Meistens wissen sie schon, dass Ausländer gerne volltanken – »lleno«. Bezahlen muss man aber trotzdem meist an der Kasse. Trinkgeld ist nicht so üblich, aber natürlich freuen sich die Tankwarte. Außerdem gibt es Tankstellen, an denen man erst drinnen zahlen muss, um die Zapfsäule freizuschalten. Wer hier richtig volltanken möchte, muss das drinnen sagen und dann noch mal zum Zahlen reingehen. Inzwischen gibt es auch Tankstellen, die komplett ohne Menschen auskommen. Hier zahlt man einfach an der Zapfsäule. Und dann gibt es natürlich noch die, wo man ganz normal tankt und danach drinnen bezahlt. Übrigens kann man an fast allen Tankstellen kostenlos die Toiletten nutzen.

Kleine Sprachhilfe

Um den Spaniern freundlich begegnen zu können, hilft es, ein paar grundlegende Wörter zu kennen. Dann kann man schon mal Hallo sagen und sich bedanken. Hier sind noch ein paar weitere Vokabeln aufgeführt,

Oben: Vorbildlich – zwei Warnschilder
Unten: Unerschrocken auf den Klippen am Ende der Erde

die zum Beispiel auf dem Campingplatz, beim Tanken oder im Restaurant weiterhelfen können. Ich erkläre auch die Aussprache der Buchstaben, damit man zum Beispiel die Eigennamen von Orten richtig aussprechen kann, wenn man nach dem Weg fragt.

Kurz zur Aussprache:

- Alle Vokale werden kurz gesprochen.
- Das R wird vorne mit der Zungenspitze gerollt.
- Das Z wird wie das TH im Englischen ausgesprochen. Ebenso das C, wenn es vor E oder I steht; sonst wird das C wie K ausgesprochen.
- Analog ist es beim G, das nur vor E und I wie CH im Deutschen gesprochen wird – sonst wie ein deutsches G.
- Außerdem wird das J wie CH gesprochen.
- Wie ein deutsches J klingen das Y und das doppelte L – wie in Mallorca.
- Wenn ein CH in einem spanischen Wort vorkommt, dann klingt das gesprochen wie TSCH.
- Das H wird gar nicht gesprochen.
- B und V hören sich im Spanischen gleich an, und zwar wie ein deutsches B, aber ohne, dass die Lippen einander berühren. Das klingt ein bisschen wie eine Mischung aus B und W.
- Ñ wird wie die Buchstaben N und J hintereinander ausgesprochen.
- Das QU ist ein einfaches K.
- Ist ein Akzent auf einem Buchstaben »´«, bedeutet das, dass die Silbe, in der dieser Buchstabe steht, betont wird.

Vom Hunger überfallen: Mittagessen an einer Tankstelle

Hilfreiche Wörter und Sätze:

Hallo – hola
Tschüss – adiós/hasta luego (eigentlich bis bald, aber das sagt man auch an der Supermarktkasse)
Guten Morgen/Tag – buenos días
Danke – gracias
Bitte – por favor
Okay – vale
Entschuldigung – perdón
Ich verstehe nicht./Ich verstehe kein Spanisch. – No entiendo./No entiendo español.
Sprichst du (sprechen Sie) Deutsch/Englisch? - ¿Hablas (habla) alemán/inglés?
deutsch/Deutschland – alemán/Alemania

der Campingbus – la furgoneta (auf manchen Campingplätzen billiger als ein Wohnmobil)
Wir möchten gerne eine Nacht/zwei Nächte bleiben. – Queremos quedarnos una noche/dos noches.
Wieviel kostet eine Nacht? – ¿Cuánto es una noche?
mit Strom – con electricidad, auch: con luz
der Ausweis – el DNI (gesprochen: »de ene i«)
der Reisepass – el pasaporte
mit Karte (zahlen) – (pagar) con tarjeta

eine Person/zwei (drei) Personen – una persona/dos (tres) personas
der Supermarkt – el supermercado
die Tankstelle – la gasolinera
Benzin – gasolina
Diesel – gasóleo (aber auch Diesel wird verstanden)
Voll, bitte. – Lleno, por favor. (häufig hilft an den Tankstellen jemand beim Tanken)
Geldautomat – cajero automático

essen – comer
trinken – beber
Wasser mit/ohne Kohlensäure – agua con/sin gas (Sprudelwasser ist wenig üblich und muss extra bestellt werden.)
ein Bier – una cerveza
ein kleines Glas Bier vom Fass – una caña
Weißwein – vino blanco
Rotwein – vino tinto
Vorspeise – primer plato
Hauptspeise – segundo plato
Nachtisch – postre
Tagesmenü – menú del día
Für mich … – Para mi …
Die Rechnung, bitte. – La cuenta, por favor.

Schmale Straße zwischen bunten Häusern in Cariño

Die Kapelle San Juan de Gaztelugatxe
vor der baskischen Küste

Die Touren

Start- und Endpunkt
Von San Sebastián bis Bilbao

Streckenlänge
mit Autobahn 190 km, ohne Autobahn 180 km

Fahrzeit
mit Autobahn 3 1/2 Std.,
ohne Autobahn 4 1/2 Std.

Nicht verpassen
Küstenwanderung von Zumaia nach Deba mit Picknick am Strand

Durch das Baskenland

EIN BESONDERES STÜCK SPANIEN

Nach der langen Fahrt durch die Schweiz und Frankreich überqueren wir bei Irun die Grenze zu Spanien. Als allererstes fahren wir an einer Sehenswürdigkeit vorbei: San Sebastián, auf Baskisch Donostia. Die Stadt, die an einer malerischen Bucht mit langem Sandstrand liegt – sie wird aufgrund ihrer Form »La Concha«, die Muschel genannt – ist aber auf jeden Fall einen Besuch wert. Spanische Adelige verbrachten hier einst ihre Sommer und das sieht man auch: Herrschaftliche Bauten säumen nicht nur die Strandpromenade. An den zwei Enden der Bucht erhebt sich je ein Hügel, der sich als Aussichtspunkt eignet. Vor dem Strand liegt eine kleine Insel. Die Radwege in San Sebastián sind gut ausgebaut. Wer ein Fahrrad dabeihat, kann zum Beispiel an einem großen Parkplatz in der Nähe des Flusses Urumea parken und von dort entlang des Ufers in die Stadt fahren. Auch zu Fuß ist man von hier in weniger als einer halben Stunde im Zentrum. Und warum fahren wir vorbei? Wir wollen direkt ans Meer.

Historische Verladestation östlich von Zarautz

P

Parkplatz in San Sebastián
direkt an der GI-20, die ähnlich einer Autobahn durch San Sebastián führt
N 43°18‘45.5“ W 1°58‘06.8“

Besonderes Baskenland

Mit dem Baskenland begrüßt uns eine Region in Spanien, die sich vom Rest des Landes abhebt. Sie nimmt eine Sonderstellung ein: Politisch gesehen ist sie in Spanien eine von insgesamt 17 Autonomen Gemeinschaften, der historisch begründete Sonderrechte zustehen. Kulturell gesehen geht das Baskenland über diese politische Begrenzung hinaus. Auch Bewohner der benachbarten Provinz Navarra und des Baskenlandes auf der französischen Seite der Pyrenäen fühlen sich als Basken. Die Bewohner sprechen eine eigene Sprache, das »Euskara«, das nicht wie alle anderen Sprachen auf der iberischen Halbinsel romanischen Ursprungs ist. Es ist nicht einmal mit irgendeiner anderen Sprache in Europa oder auf der Welt verwandt. Die Basken haben über Jahrtausende isoliert in ihrem durch viele bewaldete Berge schwer zugänglichem Gebiet gelebt. So konnte ihre Sprache überdauern, während sich sonst fast in ganz Europa die indogermanischen Sprachen durchsetzten. Das Baskenland ist eine stark industrielle Region. Immer wieder sieht man es aus hohen Schloten qualmen. Riesige Betriebe befinden sich manchmal direkt an der Küste und stehen im Kontrast zur malerischen Natur.

Vamos a la Hondartza

Aber fangen wir am Ende an: Denn eigentlich besuchen wir Zarautz erst ganz zum Schluss unserer Reise. Klassischerweise ist der baskische Ort aber einer der ersten Plätze, den Camper und Surfer an der nordspanischen Küste anfahren. Wer im Baskenland auf der Suche nach einem Strand ist, kann sich gleich schon mal dieses baskische Wort merken: »Hondartza«. In Zarautz erstreckt sich der Hondartza komplett entlang der Stadt und noch ein Stückchen weiter unter einen Hügel, der im Osten an die Stadt angrenzt. Darauf breitet sich ein großer Campingplatz aus, der das ganze Jahr über geöffnet hat. Von hier ist es kein kurzer Weg an den Strand. Dafür hat man einen schönen Ausblick und kommt an einer historischen Stätte vorbei: Malla Harria. Das war die Endstation einer Seilbahn, die am Anfang des 20. Jahrhunderts Eisenerz, das in der Nähe gefördert wurde, hierher transportierte. Anschließend wurde es hier gelagert, bis die Wetterbedingungen so gut waren, dass man es von den kleinen Steininseln vor der Küste auf Transportschiffe verladen konnte.

Gran Camping Zarautz
Monte Talai-Mendi, 20800 Zarautz
www.grancampingzarautz.com
N 43°17'22.9" W 2°08'47.4"

Westlich von Zarautz schmiegt sich die N-634 eng an die Küste. Oft fahren wir hier nur wenige Meter neben dem Meer entlang. Rechts von uns erhebt sich die steinerne Steilküste. Parkbuchten am Straßenrand laden zu einer kleinen Kaffeepause ein. Bald erreichen wir Zumaia, das für eine geologische Besonderheit bekannt ist. Als Ausgangspunkt für die Erkundung der Küste steuern wir einen Wanderparkplatz westlich des Ortes an. Es dämmert bereits, als wir die schmale Asphaltstraße durch die grünen Hügel hinter uns lassen und uns ein Plätzchen auf dem Parkplatz aussuchen. Eine kurze Runde genügt, um herauszufinden, dass es hier alles gibt, was wir uns wünschen können: Toiletten, Müllcontainer und Frischwasser. Ein Wegweiser verrät, dass es in Richtung Wasser einen Aussichtspunkt gibt. Also packen wir uns eine Brotzeit ein und genießen den Abend

Oben: Strand von Zarautz
Unten: Wanderparkplatz westlich von Zumaia
Folgende Doppelseite: Pilger auf dem Jakobsweg

mit dem Rauschen des Meeres in den Ohren. Zum Sehen reicht das Licht nämlich nicht mehr aus. Das Essen schmeckt aber auch im Schein der Stirnlampen.

Wanderparkplatz bei Zumaia am Aussichtspunkt »Elorriaga«

Von der N-634 Richtung »Elorriaga« abbiegen, der Straße durch das kleine Dorf folgen und gleich nach dem letzten Haus rechts abbiegen.
N 43°17'16.9" W 2°17'11.6"
Picknicktische, Frischwasser, Toiletten und Müllcontainer vorhanden.

Pilger und Camper

Am nächsten Morgen beobachten wir mit dem Frühstückskaffee in der Hand, wie immer mehr Wanderer über eine Wiesenkuppe auf uns zukommen. Das ist unsere erste Begegnung mit den Pilgern auf dem Jakobsweg. Sie sollen uns bis nach Galicien begleiten, denn der Weg entlang des Atlantiks ist die beliebteste Route des Pilgerwegs. Auf diesem Parkplatz prallen zwei Urlaubswelten aufeinander: Die Pilger, die in ihrem großen Rucksack alles selbst tragen, laufen mit dem Smartphone in der Hand von Herberge zu Herberge. Die Camper sitzen noch gemütlich beim Frühstück und sind mit ihrem Zuhause auf vier Rädern zwar auch vergleichsweise minimalistisch, aber doch irgendwie auch luxuriös unterwegs. Beide Gruppen beäugen sich gegenseitig, in alle Richtungen wird gegrüßt. Nach den kurzen Treffen scheint es, als sei jeder noch einmal in seiner Reiseform bestätigt und zufrieden mit dem, was er gerade macht.

Auf den Jakobsweg begeben wir uns dann auch, allerdings in die entgegengesetzte

Richtung nach Osten. Eine knappe Stunde sind wir nach Zumaia unterwegs. Das Ziel ist nicht unbedingt ein pittoreskes Fischerdorf, aber hat doch einen charmanten Ortskern, in dessen verwinkelten Gassen man kleine Lokale wie am Plaza Upela entdecken kann. In einer kleinen Bar – die allem Anschein nach auch abends einen Besuch wert ist – gönnen wir uns unseren ersten spanischen Kaffee auswärts. Liebhaber dieses Heißgetränks haben es zu unserem Glück in Spanien gut. So ziemlich jedes Lokal von der Tankstelle bis zur Bar hat eine vernünftige Siebträgermaschine. Die gängigsten Bestellarten sind: »café solo (doble)« – der ist schwarz, ähnlich dem Espresso, aber meist etwas länger, wahlweise auch doppelt, »café cortado« – mit ein bisschen Milch und Schaum, »café con leche« – mit Milch. Wer etwas Besonderes möchte, bestellt einen »carajillo« mit Schnaps. Wir fragen den jungen Mann hinter der Theke noch nach dem schönstes Strand des Ortes. Da ist er mit den meisten Besuchern Zumaias einer Meinung und schickt uns vom Plaza Amaia durch eine Baumallee zum Strand Itzurún.

Weg vom Wanderparkplatz nach Zumaia

Gleich rechts vom Toilettenhäuschen den Pfad nehmen, anschließend den Markierungen des Jakobswegs folgen. Es hilft, sich auch einmal umzudrehen, denn der Jakobsweg ist in die andere Richtung wesentlich besser ausgeschildert.
Wer sich beim Rückweg nicht mehr sicher ist: Hinter der Kirche Arritokieta verlässt der Wanderweg Zumaia bei N 43°17'47.0" W 2°15'44.8".

Ein geologisches Buch

Der Strand ist eingerahmt von eindrucksvollem Flysch. Das ist die geologische Bezeichnung für dünne Gesteinsplatten, die wie gefalteter Fels aussehen. Je weiter das Meer zurückgeht, desto mehr Flysch ragt aus dem Wasser empor. Seine Form erinnert an die Seiten eines Buches. Und er übernimmt für Geologen auch eine ähnliche Funktion: In den Seiten aus Stein lassen sich über 50 Millionen Jahre Erdgeschichte ablesen.

xxx
xxxx

Brotzeit española

Es ist vielleicht nicht das erste, an das man denkt, wenn es um die spanische Küche geht. Aber man kann auf Spanisch ganz wunderbar Brotzeiten. Das sind unsere liebsten Zutaten für das kleine Mahl zwischendurch oder das Picknick am Strand:

Weißbrot

Tomaten

Aioli: Mayonnaise mit Knoblauch, die auch allein auf Brot schon lecker schmeckt, sich aber auch mit allem anderen kombinieren lässt.

Käse: Oft gibt es regionale Spezialitäten, die aus Kuh-, Ziegen oder Schafsmilch hergestellt werden. Auch Mischungen sind üblich. Die Bezeichnungen »fresco« (frisch), »semicurado« (halb gereift), »curado« (gereift) und »viejo« (alt) weisen auf den Reifegrad hin.

Fuet: luftgetrocknete Wurst aus Katalonien

Chorizo: würzige und leicht scharfe Paprikawurst

Oliven: Manchmal sind sie im Supermarkt schwer zu finden, weil sie wegen der großen Auswahl oft ein separates Regal okkupieren.

Altramuces: eingelegte gelbe Lupinen – dort, wo das kleine Loch ist, beißt man ein Stück von der Haut ab und drückt dann mit den Fingern auf den hinteren Teil, sodass die Lupine aus ihrer Haut in den Mund springt. Die Haut wird nicht gegessen.

Olivada: Olivenpaste

Gazpacho: Die kalte andalusische Gemüsesuppe gibt es im Kühlregal.

Oben: Brotzeit ist die schönste Zeit.
Unten: Imposante Felsen bei Zumaia

Noch mehr Flysch gibt es in Richtung Westen zu sehen. Von unserem Parkplatz folgen wir dem GR121, der hier auf derselben Strecke wie der Europäische Fernwanderweg E9 verläuft. Auf dem Weg zur nächsten Küstenstadt Deba muss man sich an die weiß-roten Markierungen halten und nicht den gelben des Jakobswegs folgen. Ein schöner Pfad führt an der Küste entlang. Auf den Wiesen weiden Kühe, Schafe und Ziegen. Zahlreiche Plätze mit toller Aussicht bieten sich für eine Pause an. In einer ruhigen Minute fragt sich der geologisch interessierte Wanderer dann vielleicht: Was ist eigentlich Flysch? Im Grunde sind das in Schichten abgelagerte Sedimente, und zwar harte und weiche Schichten im Wechsel. Diese bildeten sich auf dem Meeresgrund und wurden an dieser Stelle durch die Bewegung der iberischen und der europäischen Platte aufgeschoben. So erreichten sie die Oberfläche. Der dunklere Flysch Richtung Deba ist älter als der hellere Flysch bei Zumaia.

Erste Surf-Versuche

Dann wird es Zeit für ein paar vernünftige Strandtage und wir begeben uns an den Playa de Laga. Da wir lange unterwegs sind und viel Zeit am Meer verbringen möchten wir auf der Reise Surfen lernen.. Dafür haben wir uns von Freunden Bretter und Neoprenanzüge ausgeliehen. Die Wellen am Playa de Laga sind für Fortgeschrittene und Anfänger geeignet. Vor Ort gibt es auch eine Surfschule, die Kurse anbietet und Material verleiht.

Surf-Equipment
Wer sich eine gebrauchte Ausrüstung kaufen möchte, der kann sich die Wallapop-App runterladen. Das ist eine spanische App für Kleinanzeigen, auf der auch viele Bretter und Neoprenanzüge verkauft werden. Es lohnt sich auch, mit den anderen Campern zu sprechen. Einige haben noch ihre Anfänger-Bretter dabei und freuen sich über Abnehmer. Auch ein Gesuch im Fenster kann zum Erfolg führen.

Der Sandstrand am Playa de Laga ist ein Traum, der nach hinten in bewachsene Dünen übergeht. Im Osten und im Westen ist er von steilen Felsen flankiert. Das verleiht ihm eine gewisse Dramatik. Gar nicht dramatisch sind die weißen Wellen im flachen Wasser. Sie sind für uns Anfänger gut geeignet. Wir entscheiden uns gegen einen Surfkurs und stürzen uns einfach mal allein ins Wasser. Das ist vielleicht nicht die schnellste Methode, um Surfen zu lernen, aber Spaß macht es allemal. Am Strand gibt es kleine Lokale, in denen Besucher etwas zu essen und zu trinken bekommen. Die nächste größere Einkaufsmöglichkeit ist rund 20 Minuten mit dem Auto entfernt in Gernika. Es ist also ratsam einzukaufen, bevor man hierher fährt.

Oben: An der Küste zwischen Zumaia und Deba
Unten: Surfen am Playa de Laga

Am Strand sind tagsüber Toiletten und Duschen geöffnet. Eigentlich praktische Verhältnisse, aber auf dem Strandparkplatz ist Übernachten verboten und die Wächter schicken abends alle weg. Dann beginnt die Prozession der Camper. Sie verlassen den Strandparkplatz und suchen sich einen Schlafplatz. Viele Surfer stehen über Nacht mit ihren Bussen in den Parkbuchten an der Straße, die oberhalb des Strandes verläuft. Wir fahren noch ein kurzes Stück nach Westen an der Küste entlang. Hier ist es in den Parkbuchten etwas ruhiger als direkt am Strand. Zwischen den Büschen versteckt sich ein steiler Trampelpfad hinab zum Meer. Die Felsen nutzen wir für ein Aperitiv-Bier mit Blick auf das Spiel der Wellen.

Ebene Parkbucht in der Nähe des Playa de Laga
Auf der Küstenstraße vom Strand nach Westen fahren.
N 43°24'41.2" W 2°40'12.5"
Liegt etwas abseits des Strandes mit schönem Ausblick. Nachts kommen wenige Autos vorbei. Während der Saison Sanitäranlagen mit Duschen und Toiletten am Strand, Müllcontainer am Parkplatz.

Bunte Fahnen im Sand

Am Playa de Laga treffen wir das erste Mal auf die spanischen Rettungsschwimmer, die

»Socorristas«. Diese Frauen und Männer achten an allen gut besuchten Stränden Nordspaniens auf die Sicherheit der Badenden. Sie sind in auffälligen Farben – meist rot – gekleidet und sitzen auf erhöhten Ausgucken oder laufen mit einer Rettungsboje unter dem Arm am Strand entlang. Obwohl wir am Ende der Strandsaison unterwegs sind, können wir noch mehrere Male beobachten, dass die Socorristas von Touristen sowie von Spanieren vehement ignoriert werden. Auch wir gehen einmal unwissentlich an einer falschen Stelle ins Wasser. Unverzüglich kommt ein Rettungsschwimmer und pfeift uns wieder heraus. Deshalb möchte ich hier einmal erklären, um was es eigentlich geht: Der Atlantik ist nicht das Mittelmeer. Hier kann es im Wasser gefährliche Strömungen geben, die man als naiver Urlauber kaum erkennt. Als Orientierung dienen am Strand gehisste Fahnen: Grün bedeutet, dass man einfach ins Wasser gehen kann, da keine direkte Gefahr besteht. Gelb gibt an, dass man ins Wasser darf, aber vorsichtig sein muss. Und die rote Fahne steht für »Baden verboten«. Aber selbst dann ist das Baden nicht komplett verboten. Die Socorristas stecken mit Fahnen am Strand einen kleinen Bereich ab, in dem man sich trotzdem erfrischen kann. Mit dem September geht auch sie spanische Strandsaison zu Ende. Die Toiletten werden abgeschlossen, die Lokale machen zu und auch die Socorristas sind nicht mehr im Einsatz.

Flysch bei Deba

Der Wald ist geschlossen

Westlich vom Playa de Laga liegt die Flussmündung des Flusses Oka, die sich weit ins Landesinnere zieht. Um sie herum breitet sich ein Sumpf aus, in dem viele Tiere zuhause sind. Dieser Bereich ist als Biosphärenreservat Urdaibai geschützt. Besonders vielen Vogelarten gefällt es hier gut. Wir möchten das Naturschutzgebiet Urdaibai mit dem bemalten Wald bei Oma kennenlernen. Dafür biegen wir in ein Tal ab und parken bei der Höhle von Santimamiñe, die man im Rahmen einer Führung besuchen kann. Beim Aussteigen sehen wir dann schon das Schild: »Bosque cerrado«. Der Wald ist also geschlossen. Das hätten wir nicht erwartet. Ein kurzer Blick ins Internet verrät uns, dass die Bäume von Schädlingen befallen sind und deshalb gerade behandelt werden. Somit ist der Wald auf unbestimmte Zeit nicht zugänglich. Was wir alles verpassen? Der baskische Künstler Agustín Ibarrola begann in den 80er Jahren Hunderte von Stämmen im Wald bunt zu bemalen. Von bestimmten Punkten, die auf dem Boden markiert sind, erschließen sich Gesamtkompositionen, die Natur und Malerei miteinander verschmelzen lassen. Die Schädlinge sind nicht die ersten Gegner des Waldes: Die Bäume wurden auch schon von Anhängern der ETA angegriffen, weil sich Ibarrola gegen deren Terrorismus aussprach.

Ob der Wald wieder geöffnet ist, kann man im Internet nachsehen: www.bosquedeoma.com
Der Einstieg in den Rundweg befindet sich hier:
N 43°20'39.0" W 2°38'18.4".
Der Weg ist markiert mit »bosque pintado«.

Stellplatz am Urdaibai Bird Center
Von dem Tal, in dem der Wald von Oma liegt, schräg gegenüber auf der anderen Seite der Hauptstraße BI-2238
N 43°20'44.6" W 2°39'15.1"
Kurz vor dem Urdaibai-Informationszentrum darf man auf dem Parkplatz kostenlos stehen. Es gibt Frischwasser und Entsorgungsmöglichkeiten.

Weltbekannt im Baskenland

Südlich der Mündung des Oka liegt Gernika. Bei dem Namen klingelt es vielleicht. Mit der spanischen Schreibweise Guernica wurde die Stadt durch das gleichnamige Bild von Pablo Picasso auf der ganzen Welt berühmt. Er schuf das Werk 1937 für die Pariser Weltausstellung, nachdem im April desselben Jahres die Stadt Gernika aus dem Nichts heraus mit Bomben angegriffen wird – ein Freundschaftsdienst Hitlers für den späteren spanischen Diktator Franco. In seinem Gemälde stellt Picasso die Gräueltat und ihre Opfer dar.

Wir fahren von hier wieder am Fluss entlang Richtung Meer, wo das nette Örtchen Mundaka auf uns wartet. Auch dieses ist weltbekannt – wenn auch vermutlich nur in der Welt der Surfer. An der Flussmündung kann sich nämlich vor allem im Herbst eine ziemlich perfekte linke Welle bilden, die für die Region ungewöhnlich lang ist. Wer Glück hat, kann sie über 150 Meter abreiten. Hier gehen besser nur fortgeschrittene Surfer ins Wasser.

Stürmisches Kap

Unsere nächste Nacht verbringen wir an einem Leuchtturm bei Bermeo. Hier haben wir einen schönen Blick auf die Küste und mit einem Fernglas soll man auf dem Meer sogar Wale und Delfine beobachten können. Wir haben zwar ein Fernglas dabei, aber nicht genug Geduld. Was wir stattdessen sehen können: die Seefahrerkapelle mit dem schwierigen Namen »San Juan de Gaztelugatxe«, die auf einer kleinen Insel steht. Seitdem das Kirchlein einen Auftritt in der Fantasy-Serie Game of Thrones hatte, hat seine Popularität stark zugenommen. Deshalb belassen wir es dabei, das Bild aus der Ferne zu genießen. Aber sicher ist der Blick von der schmalen Steinbrücke auf die Insel mit den Treppen, die hoch zur Kapelle führen, auch

Oben: Oft führen die Landstraßen direkt am Meer entlang.
Unten: Dramatische Stimmung im Golf von Biskaya

von Nahem einen Blick wert. Und das ist nicht der einzige Ort, an dem im Baskenland für die Serie gedreht wurde. Auch der Strand Itzurun in Zumaia hat einen Auftritt als Teil der Insel Drachenstein. Ebenso wurde am Strand von Muriola im Osten von Bilbao gedreht. Kein Wunder, denn die dramatische Küste des Baskenlands passt mit ihren schroffen Felswänden besonders gut zur Fantasy-Stimmung.

Dramatisch ist auch, was auf uns zukommt. Das Wetter ist schlecht vorhergesagt. Wir wollen das aber nicht wahrhaben und bleiben bei Bier und Abendessen unter freiem Himmel optimistisch. Dieser sieht dann aber doch verdächtig dunkel aus und dräuend rücken mächtige Wolkentürme immer näher. Dazu nimmt der Wind kräftig zu. Wir lassen uns immer noch nicht beirren und verbringen den Abend mit unseren Camper-Nachbarn auf dem Parkplatz, bis ein plötzlicher Platterregen uns alle ganz schnell in die trockenen Wände unserer Autos scheucht. Der Wind ist so stark, dass er am Bus zerrt und reißt. Der Regen hält sich bis zum nächsten Morgen und auch über den Vormittag. Da hat also aller Optimismus nichts gebracht. Später sehen wir auf einer Karte, dass es östlich vom Kap noch einen Parkplatz am Meer gegeben hätte, der sicherlich etwas windgeschützter gewesen wäre.

Oben: Auch am Cabo Matxitxako treffen sich abends die Camper.
Unten: Altstadt von Bilbao

Parkplatz am Leuchtturm am Cabo Matxitxako
Westlich von Bermeo auf der Küstenstraße nach »Cabo de Machichaco« abbiegen
N 43°27'18.0" W 2°45'09.4"
Alternativer Parkplatz, wenn man vor dem Leuchtturm rechts abbiegt: N 43°26'54.3" W 2°44'54.3". Hier gibt es eine Dusche und Frischwasser.

Zwischenstopp in Bakio

Bei dem schlechten Wetter macht ein Tag im Freien nicht so viel Spaß. Deshalb beschließen wir, der Hauptstadt des Baskenlandes einen Besuch abzustatten. Auf dem Weg dorthin kommen wir in Bakio vorbei. Der Strand dieser kleinen Stadt ist mit Hochhäusern zugebaut. In der Hochsaison und an schönen Wochenenden wird es hier richtig voll, weil Bilbao schon ganz nah ist. Auf einem großen Parkplatz in Laufnähe zum Strand ist ein Teil für Wohnmobile ausgeschrieben. Hier lohnt es sich auch, einfach nur zum Essen zu halten. Im Restaurant La Baskula servieren sympathische Kellner von morgens bis abends außergewöhnlich leckeres Essen aus regionalen Zutaten. Auf der kleinen Karte stehen typisch spanische Gerichte, die raffiniert zubereitet sind – darunter Revuelto (eine Art Rührei mit Kartoffeln), wahlweise mit Trüffeln und Steinpilzen und Salmorejo (kalte, dicke Tomatensuppe garniert mit rohem Eigelb).

Für uns gibt es noch einen feinen Salat mit Burrata und zarte Rinderrippchen. Zum Nachtisch bestellen wir Torrija – Armer Ritter auf Spanisch – und einen Käsekuchen, der seinem Namen alle Ehre macht, da tatsächlich Käse verbacken wurde. Das Sahnehäubchen ist die gut gelaunte Bedienung, die uns einen leckeren Rotwein empfiehlt.

Restaurante La Baskula
Calle Anbietako Goienkalea 2, 48130 Bakio
Tel. 0034/946/85 89 07
N 43°25'42.9" W 2°48'26.0"

Wohnmobilstellplatz Bakio
N 43°25'42.3" W 2°48'15.5"
Müllcontainer und eine selbstreinigende Toilette vorhanden (Achtung: Wenn man drin ist und Probleme mit der Tür hat, nicht versuchen, die Tür zweimal zu schließen. Dann beginnt die automatische Reinigung.)
Duschen gibt es am Strand.

Torrijas

Ist von der Brotzeit von Weißbrot übrig, das schon ein bisschen hart geworden ist, machen wir damit eine kleine Zwischenmahlzeit: die spanische Version von Armer Ritter.

Zutaten
Brot vom Vortag, Milch, Zimt, ein Stück Schale von Zitrone und/oder Orange (unbehandelt)
Ei, Öl oder Butter, Zucker

Zubereitung
1. Ein bis zwei Gläser Milch kurz mit ein bisschen Zimt und der Schale von Zitrone und/oder Orange aufkochen und anschließend ohne Hitze ein bisschen ziehen lassen.
2. Das Brot in Scheiben schneiden und in der etwas erkalteten Milch kurz einweichen. Dann in aufgeschlagenem Ei wenden.
3. In einer Pfanne oder einem Topf in Öl (eventuell mit etwas Butter) braten. Die Spanier nehmen reichlich Öl, sodass die Scheiben quasi frittiert werden. Etwas weniger tut es auch.
4. Die noch warmen Brotscheiben mit Zimt und Zucker bestreuen.

Tipp
Dazu passen karamellisierte Äpfel oder Pflaumen oder was man sonst so an Obst da hat. Einfach aufschneiden und mit Honig und Zucker kurz in der Pfanne rösten.

Zu Besuch bei Bilbo

Bei den Basken heißt Bilbao Bilbo, was mich unverzüglich an den unfreiwillig abenteuerlustigen Hobbit denken lässt. Wenn man in die Stadt hineinfährt, hat man auch ein bisschen das Gefühl, als würde man das gemütliche Leben in den grünen Hügeln des

Fußgängerzone in Bilbao

Auenlandes zurücklassen, um sich in eine Metropole zu stürzen. Und das auch noch an einem so grauen Tag. Zunächst begeistern uns die schluchtenartigen Straßen zwischen den Hochhäusern nur wenig. Das Guggenheim Museum überrascht uns dann mit einem relativ günstigen Eintritt. Das erklärt sich aber dadurch, dass nur die Hälfte der Ausstellungen geöffnet ist, weil umgebaut wird. Sehr schön ist es anschließend in der Altstadt mit ihren bunten Häusern. Im Erdgeschoss sind Läden, Cafés und Restaurants angesiedelt. Oft kann man sie von zwei Seiten betreten. Oder man geht hindurch und kommt so in der nächsten Parallelstraße raus. In Bilbao ist man auch richtig, wenn man die ganze Auswahl der baskischen Pintxos probieren will. Das sind kleine Häppchen, die mit einem Spieß zusammengehalten werden. Das können ganz bodenständige belegte Weißbrotscheiben oder elaborierte Kunstwerke sein. Oft ist es schwer, diese Leckereien in einer Bar auszulassen, weil sie die Gäste meist in großen Mengen vom Tresen her anlachen.

Bewachter Parkplatz in Bilbao
Parkplatz am Plaza de Toros
(Stierkampfarena)
N 43°15'21.7" W 2°56'11.5"
Für nachts gibt es einen Campertarif.

Auf den Hügeln, die sich direkt aus dem Meer erheben, fühlen sich die Pferde wohl.

Grüner Weg am Meer

Auf dem bewachten Parkplatz, auf dem wir in Bilbao stehen, könnten wir auch über Nacht bleiben. Wir fahren aber lieber wieder raus aus der Stadt auf einen Parkplatz am Meer bei El Haya. Hier verläuft eine der Vías Verdes. Diese »Grünen Wege« sind in ganz Spanien auf ehemaligen Eisenbahnstrecken eingerichtet worden. Der Weg ist zum Laufen oder Fahrradfahren geeignet. Maxi möchte ihn mit dem Mountainbike erkunden. Die Strecke führt ein gutes Stück oberhalb des Meeres entlang und gewährt so eine schöne Aussicht. Maxi findet mehrere kurze Trampelpfade, die er mit dem Mountainbike zum Meer runterfahren kann. Teilweise sind sie ausgesetzt, machen aber Spaß. Unten entdeckt er kleine, einsame Felsbuchten, die vom Weg aus nicht zu sehen sind. Hier kann man es sich also ganz ungestört gemütlich machen. Ein Stück weiter ragt eine Klippe ins Meer. Darauf stehen alte Gemäuer, die wohl zu einer militärischen Anlage gehörten. Nach rund zwei Kilometern erreicht man den Strand La Arena, dessen Name »Der Sand« schon verrät, dass Besucher hier gemütlicher liegen als in den einsamen Buchten an der Steilküste.

Wanderparkplatz bei El Haya
Von der A8 die Ausfahrt »El Haya, Kobaron«
nehmen, links durch das Dorf fahren
und im Kreisverkehr zweite Ausfahrt.
N 43°21'01.6" W 3°08'35.4"

Start- und Endpunkt
Von Sonabia bis Santillana del Mar

Streckenlänge
85 km

Fahrzeit
mit Autobahn 1 1/2 Std.,
ohne Autobahn 2 Std.

Nicht verpassen
Baden, Surfen und Wandern
am Strand von Sonabia

Entlang der *kantabrischen Küste*

HERRLICHE STRÄNDE, KÜSTENPFADE UND STEINZEITHÖHLEN

Vorbei an Oriñón – einem Strandort mit Campingplatz – führt uns eine schmale Straße in das Dorf Sonabia, das außer dem kleinen Ortskern größtenteils aus Ferienwohnungen zu bestehen scheint. Hinter der Kirche folgen wir dem Wort »Playa«, das jemand an einen Stromkasten gesprayt hat. Bald beginnt ein länglicher Parkplatz. Ein unbefestigter Weg mit zahlreichen Schlaglöchern und Steinen führt auf eine Klippe hinaus, die sich über eine Bucht erhebt. Der Platz ist beliebt, weil hier so ziemlich jeder in erster Reihe mit Blick auf Strand, Meer und Berg stehen kann. Am Parkplatz gibt es eine mobile Toilette und eine Bar. Über einen schmalen Pfad geht es hinab zum Strand, der natürlich gehalten ist. Im Gegensatz zum Playa de Laga gibt es hier keine Verbotsschilder und es passen auch keine Rettungsschwimmer auf. Unverhüllte Sonnenanbeter mischen sich mit Surfern und Bodyboardern in Neoprenanzügen. Auf dem ganzen Strand laufen Hunde – die an vielen gut besuchten Stränden verboten sind – frei herum.

Steintor über dem Playa de Sonabia

Bei Ebbe zieht sich das Wasser in der schmalen Bucht erstaunlich weit zurück. Badende sollten aufpassen, dass sie nicht zu nah an die Felsen schwimmen. Bei starkem Wellengang kann man hier an die Steine geschwemmt werden. Am Parkplatz unterhalten wir uns mit unseren Nachbarn. Einer von ihnen hat mit seinem Bodyboard eine Frau aus den Felsen gerettet, die nicht aus eigener Kraft wegschwimmen konnte. Ihre männlichen Begleiter sind über die scharfen Felsen nach oben geklettert, um sich zu retten. Ein Spanier erzählt uns später, dass es an diesem Strand gefährliche Strömungen gibt, die in den letzten Jahren schon mehrere Badende das Leben gekostet haben. Wir sollten das Meer also nicht unterschätzen.

Strandparkplatz hinter Sonabia
Von der A8/N-634 Richtung »Oriñón« und »Sonabia« abfahren
N 43°24'47.3" W 3°19'55.8"
Mobile Toiletten und Müllcontainer am Parkplatz vorhanden. Eine Wasserstelle gibt es in Sonabia an der steilen Rechtskurve, wenn man von Süden ins Dorf fährt (N 43°24'33.4" W 3°19'40.1").

Die Basken und der Sommer

Hier fällt es uns nicht schwer, mehrere faule Tage am Strand zu verbringen, mit einem guten Buch in der Sonne zu liegen und ab und zu mit dem Surfbrett ins Wasser zu gehen. Allzu lange sollten wir aber nicht reglos im Sand rumliegen, denn über uns kreisen schon die Geier. Zumindest sieht das so aus. Hoch am Himmel drehen Vögel mit riesigen Schwingen gemächlich ihre Kreise.

Beim Faulenzen im Sand fragt mich Fernando, ein Architekt aus Bilbao, nach etwas Sonnencreme. Er erzählt gerne und setzt sich gleich zu mir. Er schwärmt vom »Verano vasco«, dem baskischen Sommer, der erst im September beginnt. Laut Fernando ist das die schönste Zeit im Baskenland. Dann ist das Wetter oft viel besser als im Juli und August, wenn in der Hochsaison außerdem noch alle Strände voll sind. Diesen Sommer bekommen wir auch hier auf den ersten Kilometern in Kantabrien zu spüren. In der Sonne ist es auch in Bikini und Badehose richtig warm. Ich frage Fernando nach der baskischen Sprache. Ihr kommt in Europa eine besondere Rolle zu, da sie als einzige Sprache mit keiner anderen bekannten Sprache verwandt ist. Fernando steht dem Baskisch, das in der Verwaltung verwendet und an Schulen gelehrt wird, skeptisch gegenüber. Denn es ist seiner Meinung nach keine lebendige, sondern eine künstliche Sprache. Ursprünglich gab es nämlich viele baskische Dialekte, sodass sich die Bewohner eines Tals nur schwer mit den Bewohnern des nächsten Tals verständigen konnten. Damit die Sprache neben Spanisch als offizielle Sprache des Baskenlands verwendet werden konnte, wurde sie in den 70er Jahren vereinheitlicht. Sie wurde also künstlich entwickelt und hat sich nicht natürlich herausgebildet. Fernando glaubt, dass sie sich nicht als gesprochene Sprache durchsetzen wird, weil die meisten Basken im Moment nur Spanisch als Muttersprache lernen. Außerdem bestätigt mir der Baske, dass die großen Vögel, die häufig über dem Strand kreisen, tatsächlich Geier sind. An den Felsen hoch über dem Strand lebt die einzige meernahe Kolonie dieser Tiere in Spanien. Ihre Spannweite überschreitet die zwei Meter. Deshalb können wir die großen Tiere vom Strand aus so gut beobachten.

Oben: Hoch oben auf der Klippe
Unten: Der Playa de Sonabia bei Niedrigwasser

Wo die wilden Geier wohnen

Vom Bus aus können wir am Berg auf der anderen Seite des Strandes einen Pfad erkennen. Ganz oben – dort, wo die Geier fliegen – ist ein Steinbogen zu sehen, den wir zum Ziel einer Wanderung erklären. Wir laufen eine gute Stunde hoch und etwas weniger wieder herunter. Der Pfad ist schön zu gehen, teilweise ausgesetzt und steil. Unterwegs haben wir einen herrlichen Blick auf den Strand und die Küste. Unsere Nachbarn erzählen uns später, dass man nicht denselben Weg zurück nehmen muss, sondern eine Runde laufen kann. Wenn man oben auf dem Berg weiterläuft, kommt man an einem zweiten Steinbogen vorbei. Anschließend steigt man ab und kommt neben der N-634 im Süden des Berges heraus. Von dort muss man entweder an der Straße zurück nach Sonabia laufen oder man schlägt sich wie unsere Nachbarn durchs Dickicht daneben. Dann muss man aber ein paar Kratzer an Armen und Beinen in Kauf nehmen. Das sind nicht die attraktivsten Aussichten für den Abschluss der Wanderung. Also könnte man oben einfach noch ein Stück weiter zum zweiten Steinbogen gehen und dann doch auf demselben Weg wieder zurück.

Oben: Die Geier kreisen über unseren Köpfen.
Unten: Wanderweg hoch über dem Strand

Knoblauchstrand

Nach ein paar gemütlichen Tagen in Sonabia zieht es uns weiter zum Playa de Ajo, den Fernando empfohlen hat. Er besitzt die typische Strandinfrastruktur, zwei Campingplätze in der Nähe und außerdem einen schönen Namen: Ajo heißt auf Deutsch Knoblauch. An einem Picknickplatz mit Wasserhahn hinter dem Strand stehen mehrere Wohnmobile und Camper. Hier gibt es gleich zwei Meeresbuchten, die bei Surfern beliebt sind. Kaum heraus aus dem Wasser können Surfer direkt auf das nächste Brett wechseln, denn der Picknickplatz ist auch mit einem kleinen Skatepark ausgestattet.

Über einen kurzen Fußweg nach Westen erreicht man vom Hauptstrand den schöneren Playa de Antuerta, der von dunklen Felsen eingefasst ist. Im hinteren Teil des Strands hängen die Felsen über, sodass wir im Trockenen sitzen können, als es ein wenig zu regnen anfängt. Die Atmosphäre auf den Parkplätzen und auch die Umgebung gefällt uns nach dem wunderschönen Platz in Sonabia aber nicht so gut. Wir sind schon kurz davor, weiterzufahren, als uns ein deutsches Pärchen fragt, ob wir Lust auf eine Runde Acroyoga haben. Sie laden auch noch andere Camper, die auf dem Parkplatz stehen, dazu ein. Für diese akrobatische Form des Yoga bilden zwei Partner zusammen verschiedene Formen, indem der eine auf dem Boden liegt und den anderen auf seinen Füßen balanciert – teils mithilfe der Hände. So verbringen wir doch noch einen geselligen Nachmittag am Playa de Ajo. Maxi kocht in einer Pause Kaffee für alle und abends sitzen wir im Kreis beim Essen. So haben die Leute, die wir hier getroffen haben, einen Ort, der uns zunächst einmal nicht so angesprochen hat, aufgewertet.

Picknickplatz hinter dem Playa de Ajo
N 43°29'38.7" W 3°36'54.3"
Frischwasser gibt es am Picknickplatz, eine selbstreinigende Toilette auf dem befestigten Platz am Ostrand des Strandes.
Am Strand stehen Duschen.

Oben: Das Auge isst zwar mit, aber Hauptsache dem Mund schmeckt's.
Unten: Surfer warten auf eine gute Welle am Playa de Antuerta.
Folgende Doppelseite: Ganz allein am Playa de Galizano

Tortilla

Die Tortilla ist eines der spanischsten Gerichte überhaupt. Spanier essen sie gerne als Tapa oder auch auf Brot. Einfach nur als Tortilla wird die spanische Version mit Kartoffeln bezeichnet. Sie ist nicht zu verwechseln mit der »französischen« Version, der Tortilla francesa, die ein Eieromelette bezeichnet.

Zutaten
Kartoffeln, Zwiebeln, Eier, Salz und Pfeffer

Zubereitung
1. Die Kartoffeln in kleine Würfel schneiden. Zusammen mit kleingeschnittenen Zwiebeln in einer Pfanne mit reichlich Olivenöl anbraten, ordentlich würzen. Die Spanier frittieren die beiden Zutaten gerne in richtig viel Öl. Beim Camping ist das unpraktisch, außer man gießt das erkaltete Öl anschließend in ein Schraubglas und braucht es nach und nach auf.
2. Die Eier aufschlagen und in einer Schale verquirlen. Noch mal ein bisschen würzen, die Kartoffeln saugen das Salz förmlich auf.
3. Die Eimasse gleichmäßig über die Zutaten in der Pfanne schütten. Die Kartoffeln sollten fast bedeckt sein. Das Feuer runterdrehen und abwarten, bis der Großteil des Eis gestockt ist. Eventuell mit einem Deckel nachhelfen.
4. Jetzt kommt der schwierige Teil: Einen Deckel oder Teller (kein Plastik!) oben auf die Pfanne legen. Eine Hand flach oben auflegen und so den Teller auf die Pfanne drücken, die mit der anderen Hand gehalten wird. Beides zusammen auf den Kopf drehen, sodass die Tortilla jetzt auf dem Teller liegt. Dann vom Teller in die Pfanne rutschen lassen und fertig braten.

Grillen mit Meerblick

Am nächsten Tag fahren wir dann aber doch gleich weiter und das ist die richtige Entscheidung: Nur ein Stück weiter an der Küste entlang wartet der wunderschöne Strand von Galizano auf uns. Er ist schmal und lang und liegt an einer Flussmündung. Deshalb ist der Unterschied zwischen Hoch- und Niedrigwasser hier besonders groß. Bei wenig Wasser zieht sich das Meer bis vor die Bucht zurück und kann je nach Lage der Sandbänke eine passable Welle vorbringen. Westlich vom Playa de Galizano liegt gleich nebenan der bekanntere Playa de Langre. Etwa 20 Minuten läuft man zu Fuß von einem Strand zum anderen.

Wir fahren vom gleichnamigen Ort Galizano nicht zum Parkplatz direkt über dem Strand, sondern biegen vorher in eine schmale Straße nach rechts ab. Sie führt uns in einem großen Bogen durch einen Wald zu einem

unbefestigten Parkplatz. Wir folgen der Straße durch viele Schlaglöcher noch ein Stück weiter und kommen schließlich oberhalb des Strandes heraus. Hier fügt sich für uns alles perfekt. Wir haben eine traumhafte Aussicht vom Auto aus und über einen Pfad direkten Zugang zum wenig besuchten Strand. Außerdem haben wir zum Grillen eingekauft und direkt am Weg liegt haufenweise trockenes Holz. Teilweise ist es so trocken, dass es schon fast gar nichts mehr wiegt. Für den Abend suchen wir uns ein schönes Fleckchen auf den Felsen direkt über dem Meer und machen ein Feuer. Drei Gänge bereiten wir darauf zu: Zuerst gibt es Langostinos, die wir nur mit ein bisschen Zitrone würzen. Anschließend grillen wir uns frische Longanizas – spanische Würste aus Schweinefleisch – vom Metzger. Dazu gibt es Zucchini, Auberginen und Kartoffeln. Zum Abschluss garen wir Schweinerippchen langsam über der letzten Glut, die schon nicht mehr so heiß ist. Da das ein Weilchen dauert, genießen wir unseren dritten Gang im Schein unserer Stirnlampen.

Parkplatz über dem Playa de Galizano
Von der CA-141 in den Ort Galizano abbiegen und diesen durchqueren, an der Gabelung neben der Surfschule »La Ola« nach rechts und der schmalen Straße durch den Wald folgen.
N 43°28'57.5" W 3°40'27.5"
Während der Saison sind die Sanitäranlagen am Strand, geöffnet. Kein Camping-Verhalten zeigen, also nichts rausstellen, die Polizei kommt und kontrolliert.

Grillen und Feuer machen
Spanien ist in Teilen ein sehr trockenes Land, das im Sommer von Waldbränden heimgesucht wird. Deshalb haben die spanischen Autoritäten ein wenig entspanntes Verhältnis zum Grillen und zu Lagerfeuern. Auch wenn Nordspanien nicht sehr gefährdet ist, ist Feuer machen doch vielerorts verboten – auch, um die Natur an der Küste zu schützen. Auf der sicheren Seite ist man, wenn man die öffentlichen Grillstellen an Picknickplätzen benutzt. Wir haben eine Feuerschale, die wir entweder auf Sand oder auf Steine stellen, damit sie nichts verbrennt. Außerdem achten wir auf das Wetter und Bäume sowie Sträucher in der Nähe. Auch ein Wasserkanister, der schnell zur Hand ist, ist nicht verkehrt.

Exkursion ins Ungewisse

Am nächsten Morgen steht eine Exkursion mit den Mountainbikes auf dem Programm. Der Weg, den wir mit dem Auto gekommen sind, geht an der Küste nämlich noch weiter und wir wollen ihn erkunden. Mit Exkursion meinen wir dabei einen Ausflug mit ungewissem Ausgang. Das Fahrrad als Fortbewegungsmittel bedeutet in solchen Fällen meist ein unvorhersehbares Maß an Schieben und Tragen. Mit an Sicherheit grenzender Wahrscheinlichkeit müssen wir die Räder irgendwann zurücklassen und dem Weg zu Fuß weiter folgen. Zunächst führt der Weg über festen Boden mit spaßigem Auf und Ab nach Osten und ist gut zu meistern. An der ersten Gabelung entscheiden wir uns für die rechte Option – und landen wenige Minuten später wieder an unserem Parkplatz. Die Fahrt hat bis dahin schon mal Spaß gemacht. Also noch mal von vorn. Auf einer Online-Karte war nicht weit von uns der Eingang zu einer Höhle eingezeichnet. Bald biegen wir in einen schmalen Pfad ab und finden die Höhle prompt. Allerdings wurde sie wohl von einer Horde Ziegen als Unterstand genutzt. In einer dunklen Nische steht ein Bildnis der Jungfrau Maria. Doch auch sie konnte die Picknicktische und Bänke nicht davor bewahren, komplett mit Ziegenköteln bedeckt zu werden. Also weiter. Kurz darauf treffen wir auf das erste Stück, das zu steil zum Fahren ist. Für die rasante Abfahrt später lohnt sich das Schieben aber. Nach dem Hang rollen wir noch ein Stück weiter und dann ist es auch schon ganz vorbei mit dem Radeln. Wir lassen die Räder im Gestrüpp zurück und laufen abwechselnd steil bergab und bergauf an der Küste entlang, bis wir zu einem schönen Aussichtspunkt kommen. Alles in allem muss man auf diesem Weg also nicht unbedingt die Fahrräder bemühen.

Vom Meer (fast) direkt auf den Grill

Quesada Pasiega

Diese Mischung aus Käsekuchen und Pfannkuchen ist typisch für Kantabrien. Sie lässt sich leicht für die Camping-Küche adaptieren, denn alle Zutaten werden nur zusammengerührt. Da der Kuchen relativ flach ist, kann man ihn auch gut in einer Pfanne mit Deckel backen. Auch das Abmessen der Zutaten machen wir uns mithilfe eines Joghurt-Bechers einfach.

Zutaten

1 Ei, 1/2 Becher von einem 125-Gramm-Joghurt, 3 gute Esslöffel Butter, 1/2 Becher Zucker, 2 1/2 Becher Mehl, 2 Becher Milch, Zimt, Zitronenzeste, von einer Bio-Zitrone, etwas Salz

Zubereitung

1. Die Butter langsam schmelzen. Dafür kann man schon die Pfanne nehmen, in der man die Quesada später backen möchte. So ist diese gleich eingefettet.
2. Die weiche Butter zusammen mit dem Zucker schaumig rühren.
3. Das Mehl dazugeben. Dann Milch, Joghurt, Zitronenzeste, Zimt und Salz einrühren.
4. Den Teig in die Pfanne geben und die Flamme vom Campingkocher so niedrig wie möglich einstellen. Mit einem Deckel abdecken. Bis es fertig ist, können zehn bis 20 Minuten vergehen. Das hängt von der Größe der Pfanne ab

Tipp

Während des Backens ab und zu eine Seite anheben und prüfen, wie braun der Boden schon ist. Um Anbrennen zu verhindern, kann man die Quesada etwa nach der Hälfte der Backzeit wie eine Tortilla umdrehen.

Die Hauptstadt Kantabriens

Von Galizano ist es nicht mehr weit nach Santander. Wer die Stadt besuchen möchte, aber keine Lust hat, mit dem Auto hineinzufahren, der kann von Pedreña eine Fähre über die Bucht nehmen und direkt in der Innenstadt aussteigen. Diese Bucht hat viel mit der Bedeutung Santanders zu tun, denn sie schützt den Hafen der Stadt, an dem die Römer einst eine erste Siedlung bauten. Über viele Jahrhunderte machte der Hafen Santander zu einer wichtigen Handelsstadt. Auch hier, wie im baskischen San Sebastián, verbrachte einst der Adel seine Sommer. König Alfonso XIII. ließ dafür Anfang des 20. Jahrhunderts einen imposanten Palast errichten. Dieser befindet sich auf der Halbinsel, die in die Bucht hinausragt.

Ablegestelle der Fähre nach Santander
an der CA-141 in Pedreña
N 43°26‘55.2“ W 3°46‘09.7“

Oben: Mit dem Mountainbike entlang der Küste
Unten: Quesada Pasiega schmeckt gut zum Kaffee.

Wertvolle Algen

Wir verbringen eine Nacht nördlich von Santander am Meer. Hier gibt es einen kleinen Parkplatz an einem Strand, der von Felsen umschlossen ist. Vor der untergehenden Sonne schlagen uns stürmische Wellen in leuchtenden Rottönen entgegen. Und auch der nächste Tag soll mit einem Spektakel beginnen. Es ist Sonntag und wir denken, dass es ein ruhiger Morgen wird. Doch draußen vor unserer Tür knattert es schon um 8 Uhr laut. Wir sind noch im Bett und hin- und hergerissen: Sind wir neugierig oder wollen wir uns noch einmal die Decke über den Kopf ziehen? Als wir dann auch noch mehrere Stimmen um uns herum hören, steigen wir aus. Einige Männer – teilweise in Neoprenanzügen – stromern zwischen den Felsen umher und türmen Algen zu Häufchen auf. Immer mehr alte Land Rover Defender, die definitiv schon bessere Tage gesehen haben, kommen an und innerhalb kurzer Zeit sind wir komplett eingeparkt. Eine immer größer werdende Gruppe von Spaniern blickt auf den Strand und unterhält sich angeregt. Der Grund für ihr Treffen offenbart sich uns, als der erste Mann ins Wasser geht. Er hat ein Gestell mit einem Netz, ähnlich einer großen Reuse, dabei. Er zieht es durch die ankommenden Wellen und fängt so die schwimmenden Algen ein. Dann fährt ein Traktor hinab ins Wasser. An dem kleinen Strand und neben dem Mann mit seinem Netz wirkt er riesig. Am Heck hat er einen breiten Rechen, mit dem er die Algen aus dem Wasser fischt. Einer der Zuschauer erklärt uns, dass sie eine Alge sammeln, die unter anderem für die Herstellung von Agar-Agar verwendet wird. Laut dem Sammler kommt sie nur in Kantabrien, Asturien, Galicien, Teilen Portugals und in Marokko vor. Früher konnten sie die Alge nur von August bis Dezember ernten. Inzwischen können sie das ganze Jahr über sammeln gehen. Das Meer reißt die Alge aus und spült sie an die Küste. Das Geschäft scheint lukrativ zu sein, wenn jemand dafür seinen Traktor dem salzigen Wasser aussetzt. Morgens kommen alle, um zu sehen, wie die Bedingungen sind. Doch heute ist das Meer zu stark und spült die Algen wieder fort. So schnell sie gekommen sind, sind die Menschen dann auch wieder weg. Und wir können wieder ausparken.

Parkplatz am Strand El Bocal
Durch die Siedlung Monte Corbanera nördlich von Santander fahren, an einer Einrichtung des Instituto Español de Oceanografía vorbei und dahinter links direkt bis ans Meer.
N 43°29'16.7" W 3°49'31.7"

Malereien aus de Steinzeit

Wer auf der Autobahn A8 auf die braunen Schilder am Straßenrand achtet, die über die

Oben: Schweres Gerät oder Handarbeit bei der Algenernte
Unten: Sonnenuntergang aus der ersten Reihe

Sehenswürdigkeiten der Regionen informieren, dem fällt wahrscheinlich auf, dass es in Kantabrien viele Höhlen gibt. Es scheint fast, als ob die Region regelrecht durchlöchert ist. Die wohl bekannteste von ihnen ist die Cueva de Altamira, die bei Santillana del Mar etwas westlich von Santander liegt. Ihre Decke ist mit Darstellungen von Tieren übersät. Die Malereien von Hirschen, Pferden und Wildschweinen stammen aus der Steinzeit zwischen 36 000 und 13 000 vor Christus. Da diese Bilder sehr empfindlich sind, können Besucher sich nicht einfach so eine Eintrittskarte kaufen und in der Höhle herumlaufen. Nein, die meisten Besucher dürfen nicht einmal die richtige Höhle besuchen. Für sie ist nebenan ein Museum gebaut, das eine originalgetreue Nachbildung zeigt. Nur einmal in der Woche dürfen fünf Personen für genau 37 Minuten an einem geführten Besuch durch die echte Höhle teilnehmen – mit Schutzanzug und Masken. Wer mit darf, wird unter den Museumsbesuchern ausgelost.

Museo de Altamira
Marcelino Sanz de Sautuola,
39330 Santillana del Mar
Tel. 0034/942 81 80 05,
www.culturaydeporte.gob.es/mnaltamira
N 43°22'39.9" W 4°07'23.3"
Die Führungen durch die echte Höhle finden normalerweise freitags um 10.40 Uhr statt. An der Auslosung können alle Museumsbesucher über 16 Jahren teilnehmen, die zwischen 9.30 und 10.30 Uhr im Museum sind.

Es muss aber gar nicht Altamira sein.
Auf der Route durch Kantabrien sind noch mehr Höhlen für Besucher geöffnet. Gleich vier Stück auf einmal befinden sich im Monte Castillo, einem Berg im Ort Puente Viesgo. Er befindet sich südwestlich von Santander, unweit der Autobahn A8. Die Höhlen mit den Namen El Castillo und Las Monedas können besucht werden. Die anderen beiden – Las Chimeneas und La Pasiega – sind für die Öffentlichkeit geschlossen.
Tel. 0034/942 59 84 25,
cuevas.culturadecantabria.com
N 43°17'33.2" W 3°58'06.4"

Überall an der Küste begegnet man Anglern.

Start- und Endpunkt
Von Oyambre bis Llanes

Streckenlänge
40 km

Fahrzeit
45 Min.

Nicht verpassen
Vom Playa de Gerra die Aussicht auf San Vicente mit seiner mittelalterlichen Silhouette zwischen Meer und Bergen genießen

Asturien Teil 1: Oyambre bis Llanes

VON WELLEN UND WASSERFONTÄNEN

Bevor wir die Grenze zu Asturien überqueren, besuchen wir mit San Vicente de la Barquera noch einen letzten Ort in Kantabrien. Wenn es um die Surfstrände Nordspaniens geht, ist diese Stadt ganz oben mit dabei. Zumindest lassen das die Zahlen ihrer Besucher vermuten. Es hat den Anschein, dass alle Reisenden und Surfer, die an Spaniens Atlantikküste unterwegs sind, sich irgendwann bei San Vicente de la Barquera treffen. Hier und im Naturpark Oyambre erstrecken sich die Sandstrände über mehrere Kilometer. An vielen Plätzen mit Blick aufs Meer stehen Camper, obwohl das Campen oder auch das Übernachten auf allen öffentlichen Parkplätzen laut den Schildern verboten ist. Es gibt aber mehrere private Plätze und Felder, die von Bauern gegen Bezahlung zur Übernachtung zur Verfügung gestellt werden.

Die Altstadt von San Vicente, links die Burg, rechts die Kirche

Privater Parkplatz über dem Playa de Gerra
Von der CA-236 auf einen nur anfänglich befestigten Feldweg abbiegen.
N 43°23'50.7" W 4°21'19.0"
Abends geht der Bauer eine Runde und sammelt von jedem Fahrzeug 10 Euro ein. Aufpassen bei Regen – dann kann das matschige Feld schnell zur Falle werden. Sollte doch einmal jemand stecken bleiben, hilft der Bauer mit seinem Traktor. In der Saison gibt es an den Strandparkplätzen Duschen und Toiletten.

San Vicente ist ein charmanter Ort, dem man seine mittelalterliche Vergangenheit ansieht. Reste der Stadtmauer, eine Burg und eine Kirche erzählen von der Geschichte des Ortes. Der historische Kern liegt oben auf einer Anhöhe im Osten des Flusses, der die Stadt trennt. Die wehrhafte Kirche Santa María de los Ángeles ist auch von unten besonders gut zu sehen. Ihr Grundstein wurde im 13. Jahrhundert gelegt. In den folgenden Jahrhunderten wurde sie aber immer wieder umgebaut. Heute zeigt sie sich vor allem im gotischen Stil, besitzt aber auch zwei imposante romanische Tore. Weiter Richtung Meer steht die Burg, die recht schlicht daherkommt. Diese wurde ebenfalls ab dem 13. Jahrhundert erbaut.

Seit jeher leben in San Vicente Fischer. Die Stadt liegt an einer breiten Flussmündung, die mit vielen kleinen Booten ein malerisches Bild abgibt. Über den Río Escudo führt eine steinerne Brücke, die ihren Ursprung im 15. Jahrhundert hat. Die Tradition des Fischfangs zeigt sich auch auf den Speisekarten des Ortes. Hier gibt es Fisch in allen Variationen: ganz gebraten, als Filet oder auch frittiert. In fast jeder Bar stehen »Rabas« auf den Karten. Das sind Stücke oder Ringe vom Tintenfisch, die knusprig frittiert sind und mit einem Stück Zitrone serviert werden. Spanier bestellen sie in Kantabrien gerne als Tapa oder Ración zum Bier. Die vielen Restaurants und kleinen Läden, die Spezialitäten verkaufen, verraten auch, dass San Vicente bei Urlaubern sowie bei spanischen Ausflüglern beliebt ist.

Unverhofftes Treffen

Eines Abends, als es stark stürmt, haben wir keine Lust in der Enge unseres Busses zu kochen. Also beschließen wir, essen zu gehen. Bei der großen Auswahl an Restaurants in San Vicente ist das aber gar nicht so einfach. Wir irren durch die Straßen, lesen Speisekarten, die sich alle irgendwie gleich anhören, und sehen komplett gefüllte Speiseräume. Heute haben wir uns nämlich an die spanischen Essenszeiten gehalten und sind erst in der Dunkelheit nach 20 Uhr auf der Suche nach einem Tisch. Schließlich finden wir an einer Treppe abseits der Hauptstraße das etwas unscheinbare Restaurant La Brasa. Hier sind nur zwei Tische besetzt. Draußen stehen Tische in einer gemütlichen Nische zwischen Treppe, Restaurant und Steinmauer. Doch dafür ist es uns zu kalt. Wir öffnen die Tür. Warme Luft kommt uns entgegen und es riecht nach Frittiertem. In der einen Ecke sitzt ein spanisches Paar, in der anderen Ecke sitzen drei Touristen, von denen uns einer sehr bekannt vorkommt. Es ist Jule, den wir aus dem Allgäu kennen. Er ist mit zwei Freunden, Bene und Nono, auf Surfurlaub und ebenfalls mit einem VW-Bus unterwegs. Keiner von uns wusste vom jeweils anderen, wo wir dieses Jahr hinfahren würden. Wir setzen uns an den Nebentisch und bestellen je ein bodenständiges, aber sehr leckeres Menü. Die drei anderen haben etwas Besonderes bestellt: Vor ihnen liegt ein riesiges Stück Rindfleisch vom Grill – ein »Chuletón a la brasa«. Unser Essen geht schon dem Ende zu, als es draußen laut wird. Eine große Gruppe Spanier setzt sich an die Tische draußen von der Tür. Sie scheinen einen Geburtstag zu feiern und sind alle guter Laune. Schon ist die Stimmung auch im Restaurant etwas spanischer. Draußen wird laut geredet und während des Essens geraucht. Und wieder einmal haben wir das Gefühl, uns doch nicht an die spanischen Essenszeiten

Traumplatz über dem Playa de Gerra

abgepasst zu haben, denn die Geburtstagsfeier beginnt mit dem Abendessen erst nach 22 Uhr – und das unter der Woche. Wir haben aber schon aufgegessen und wünschen den anderen noch einen schönen Urlaub. Noch denken wir nicht darüber nach, dass wir sie noch einmal treffen könnten.

Restaurant La Brasa
Cuesta de Don Paco,
39540 San Vicente de la Barquera
N 43°23'00.4" W 4°24'00.2"
Hier gibt es mittags und abends relativ günstige und leckere Menüs.
Die Nachtische sind hausgemacht, was in Spanien nicht selbstverständlich ist.

Ein Strand – vier Namen

Östlich von San Vicentes Stadtkern erstreckt sich ein langer Sandstrand, der nach Nordwesten ausgerichtet ist. Ganz am Anfang, gleich neben der Flussmündung, gibt es einen Campingplatz. Der Strand hat über seine Länge mehrere Namen – von Westen: Rosal, Merón, Bederna und Gerra. An sein Ende schließt ein kurzes Stück Steilküste an, deren Felsen direkt ins Meer fallen. Dahinter öffnet sich der Playa de Oyambre, der genau in die andere Richtung – also nach Nordosten – schaut. Darum ist dieser Ort bei Surfern wohl so beliebt. Wenn die Wellen an dem einen Strand nichts sind, hat man vielleicht am anderen Chancen. Auch wenn es am Playa de Gerra sehr viel Wind hat, kann die Luft am Playa de Oyambre komplett stillstehen. So fliehen wir an einem sehr stürmischen Abend spontan an den Playa de Oyambre, weil der rüttelnde Wind eine schlaflose Nacht verspricht. Am nächsten Tag, als es wieder hell ist, sehen wir noch einen schönen Parkplatz ziemlich nah am Strand, den wir uns für unsere nächste Reise merken.

Oben: Auch Ende September ist es am Playa de Gerra noch sommerlich.
Unten: Bouldermatte als Outdoor-Sofa

Camping El Rosal
Carretera de la Playa,
39540 San Vicente de la Barquera
www.campingelrosal.com
N 43°23'20.2" W 4°23'07.4"
Der Platz liegt gleich am Strand. In die Stadt sind es zu Fuß rund 15 Minuten.
Die Parzellen sind eher klein, aber dafür schön zwischen Bäumen angelegt.

Privater Parkplatz am Playa de Oyambre
kleiner eingezäunter Parkplatz direkt neben der CA-236
N 43°23'33.1" W 4°20'17.9"
Auch hier kommt abends der Besitzer und sammelt 10 Euro ein. Müllcontainer vorhanden.

Diesen Platz sollte man auskundschaften: Parkplatz ganz nah am Strand, laut Karte durch das Barrio Oyambre und anschließend über einen Feldweg erreichbar
N 43°23'49.1" W 4°20'26.5"

Yoga und Sidra

Die meiste Zeit hier stehen wir auf einer Wiese über dem Playa de Gerra. Wenn die Sicht gut ist, kann man von hier die Berge der Picos de Europa sehen, die sich hinter San Vicente erheben. Abends, wenn es dunkel ist, kommt der Besitzer des Grundstücks mit seiner Frau im Schlepptau vorbei und sammelt die Parkgebühr ein. Man erzählt sich, dass er seine allabendliche Runde früher allein gemacht habe und dann betrunken nach Hause gekommen sei, weil von allen etwas zu trinken angeboten bekommen habe. Unser Nachbar bedankt sich, dass wir an diesem schönen Platz stehen dürfen. Der Bauer antwortet nur »Gracias a ti« - »Ich danke dir.« Das klingt sehr ernst und ehrlich gemeint.

Neben uns stehen die Belgierin Nina und der Italiener Marco, die zusammen in Frankreich leben. Ihr VW-Bus fällt sofort auf, weil auf seinem Dach ein Stapel blauer Yogamatten verschnürt ist. Die zwei reisen mit ihrem Projekt »Wayoga Expedition« durch Europa und bieten Yogastunden für einen guten Zweck an. Sie laden uns ein, teilzunehmen, und so versammeln wir uns am nächsten Morgen mit anderen Reisenden am Strand und begrüßen

die Sonne. Nach einer Runde Surfen kommen wir wieder ins Gespräch mit unseren Nachbarn. Auch Caro und Max aus Berlin sowie Michelle und Brecht aus Belgien haben beim Yoga mitgemacht. Caro und Max sind mit einem PKW im Urlaub. Die Rückbank ist umgeklappt, darauf liegt eine Matratze. Unter der Matratze und im Fußraum der Rückbank ist genug Stauraum für ein paar Sommerwochen. Wenn die Klappe geöffnet ist, können sie sich in den Kofferraum setzen. Das sieht sogar richtig gemütlich aus. Die zwei bestätigen, dass das so ganz gut klappt.

Caro und Max haben in einer Bar beobachtet, wie die Einheimischen ihren Sidra genießen. Der regionale Apfelwein wird hier nämlich nicht einfach so in ein Glas eingeschenkt. Der Eingießer versucht Glas und Flasche dabei so weit wie möglich voneinander entfernt zu halten, damit der Sidra mit der Luft in Berührung kommt. Dadurch kommt das Getränk so im Glas an, als ob es mit Kohlensäure versetzt wäre. Das bedeutet, der Strahl, der aus der Flasche kommt, soll so dünn wie möglich sein. Anschließend muss man das Ganze schnell trinken, damit es den mühevoll erworbenen Geschmack nicht wieder verliert. So viel zur Theorie. Um es uns einfacher zu machen, wollen wir, dass der Sidra nur aus einem kleinen Loch kommt. Ob das tatsächlich einfacher ist, sei dahingestellt. Und wie bekommt man ein kleines Loch in einen Korken? Na klar, mit der Bohrmaschine. Das ist nun nicht ganz die feine asturische Art, aber es schmeckt trotzdem. Wer den Sidra etwas professioneller genießen möchte, besucht am besten einfach eine Sidrería.

Gruppensession

Nach einem Nachmittag mit Sidra und Kaffee schlägt abends jemand vor, noch einmal surfen zu gehen. Keiner hat die Uhr wirklich im Blick, aber noch ist es hell. Also zwängen sich alle in ihre nassen Neoprenanzüge und die Prozession zum Strand beginnt. Barfuß balancieren wir mit den Brettern über die ausgewaschene Feldstraße mit ihren kleinen und großen Steinen. Die Wellen sind klein und das Wetter ist schon etwas ungemütlich, aber so macht Surfen in der Gruppe viel Spaß. Keiner steht unter Druck, weil er eine richtig gute Welle erwischen will. Wir sitzen zusammen im Wasser und freuen uns über jeden Erfolg der anderen. So vergeht die Zeit schnell und es wird doch auf einmal ziemlich dunkel. Von einer auf die andere Sekunde zieht Nebel auf. Obwohl wir nicht weit vom Strand entfernt sind, wird uns etwas mulmig, denn wir können ihn gar nicht mehr sehen. Tatsächlich ist es schwierig, mit den Augen auszumachen, in welcher Richtung der Strand überhaupt ist. Aber wir können bald stehen und sind so schnell wieder an Land.

Mit dem Nebel ist die Luft so feucht, dass es zu ungemütlich ist, um draußen zu sitzen. Deshalb laden die Belgier uns alle in ihren – für diese Nutzung doch recht kleinen – VW-Bus ein. Auf dem Bett und den Sitzbänken wird es ziemlich eng, aber wenigstens ist es so schön warm. An diesem Abend wird wieder einmal klar: Die Bekanntschaften machen einen großen Teil dieser Reise aus.

Der Playa der Gerra eignet sich gut fürs schöne Strandleben. Hier liegt man gemütlich im Sand, sitzt mit anderen am Bus zusammen und zwischendurch geht es zum Surfen ins Wasser. Auch ein Spaziergang nach San Vicente – zum Beispiel zum Einkaufen oder Essen – kann locker einen halben Tag füllen. Der nächste Supermarkt befindet sich in der Ladenzeile hinter dem Playa del Rosal. An klaren Tagen tut man all dies vor dem beeindruckenden Hintergrund der Gipfel der Picos de Europa. Wenn es dunkel ist, haben wir nichts mehr von der Aussicht, also machen wir ein Feuer, in das wir hineinschauen können. Darauf bereiten wir eine Paella mit Meeresfrüchten und Fisch zu. Die richtigen Pfannen dafür, genannt Paelleras, gibt es schon für schmales Geld. Schmal ist auch die Pfanne, so lässt sie sich ganz gut im Bus unterbringen. Traditionell wird das wohl bekannteste spanische Gericht über dem offenen Feuer zubereitet. Dafür eignet sich auch ein größerer Campingkocher gut. Der macht es auch einfacher, die Hitze zu regulieren. Beim Feuer ist das schon etwas schwierig. Auch wir sitzen viel länger als gedacht um die mal mehr, mal weniger blubbernde Paella herum. Aber lecker ist sie am Ende trotzdem und hat außerdem ein leichtes Raucharoma.

Vorhergehende Doppelseite: Die Gipfel der Picos de Europa erheben sich über San Vicente de la Barquera.
Oben: Schöne Stimmung am Abend
Unten: Es ist immer praktisch, ein bisschen Werkzeug dabeizuhaben.

Paella

Für eine Paella braucht man eine Paellera. Diese flache Pfanne gibt es in großen Supermärkten, Souvenir-Geschäften und Läden für Haushaltswaren (ferreterías) zu kaufen. Zur Auswahl stehen normale Größen ebenso wie riesige Paelleras für Feste. Nach der Paella ist vor der Paella: Damit die Pfanne bis zum nächsten Essen nicht rostet, einfach nach dem Saubermachen mit ein bisschen Öl einreiben.

Zutaten

Reis: Der richtige Reis heißt »Arroz bomba« oder auf das Stichwort »Paella« achten. Eine Kaffeetasse voll reicht für zwei Personen.
Wasser oder Brühe: Fertige Brühe kann man in Spanien im Tetrapak oder in der Flasche in jedem Supermarkt kaufen. Ich benutze immer nur Wasser, da sich mit Fisch oder Fleisch in der Paella ohnehin eine Brühe bildet. Man nimmt 2 1/2 Mal so viel Flüssigkeit wie Reis.
Olivenöl, Zwiebel, Knoblauch, Tomaten, Salz, Pfeffer und Paprikapulver, Zitrone,
Fisch oder Fleisch: Es gibt unzählige Paella-Rezepte mit verschiedenen Zutaten. Die klassische Paella aus Valencia wird mit Kaninchen und Hühnchen zubereitet. Sehr gut eignen sich auch Schweinerippchen, Schweinebauch und verschiedene Würste wie Chorizo.

Wer etwas aus dem Meer essen möchte, nimmt Miesmuscheln, Gambas, Tintenfische oder einen Fisch – zum Beispiel Seeteufel (»rape«) oder Seehecht (»merluza«).

Gemüse: Hier eignen sich nach Belieben unter anderem Paprika, Bohnen und Blumenkohl.

Zubereitung

1. Die Zwiebeln und den Knoblauch klein schneiden. Beides in Olivenöl anbraten.
2. Fisch oder Fleisch dazugeben und anrösten.
3. Die Tomaten reiben, sodass sie einen dicken Saft ergeben. Die Schale entsorgen. Den Saft zur Paella geben und umrühren.
4. Anschließend das Gemüse dazugeben und einige Minuten braten lassen.
5. Den Reis dazugeben und kurz mitrösten, mit Salz, Pfeffer und Paprikapulver würzen.
6. Mit Wasser oder Brühe aufgießen, alles gleichmäßig verteilen und danach nicht mehr umrühren, damit sich am Boden der Paella eine Kruste bilden kann.
7. Zunächst sollte die Hitze ein paar Minuten hoch sein, anschließend 15 Minuten nur noch ein wenig köcheln lassen.
8. Falls Muscheln verwendet werden, diese erst kurz vor Ende der Garzeit hinzufügen.
9. Dazu kann man Zitronenschnitze und Aioli reichen.

Tipp

Huch, die Paella ist ja gar nicht gelb? Die meisten Paellas werden mit einem sogenannten »colorante«, also einem Farbstoff gelb gefärbt. Den gibt es in jedem Supermarkt. Stattdessen kann man auch Safran benutzen. Oder man genießt die Paella einfach ohne zusätzliche Farbe.

Oben: So sieht sie aus – unsere leckere Paella
Unten: Parken direkt am Meer bei Buelna

Audienz im Fürstentum

Nach mehreren faulen Tagen am Strand, wollen wir uns mal wieder ausgiebig bewegen. Wir entscheiden uns für eine Radtour und begeben uns noch am Abend zu ihrem Ausgangspunkt. Wir wollen auf dem Fernwanderweg E9 von Buelna nach Llanes fahren. Dafür suchen wir uns den kleinen Strand hinter dem ebenfalls kleinen Ort Buelna aus. Ein paar Kilometer hinter San Vicente überfahren wir die Grenze zum Fürstentum Asturien. Das klingt allerdings royaler, als es ist, denn die Bezeichnung hat historische Gründe und heute keine tatsächliche politische Bedeutung mehr. Ein Blick auf die Schilder an den Straßen verrät: Wieder befinden wir uns in einer Region, die ihre eigene Sprache hat. Auffällig ist, dass viele Worte, die im Spanischen auf »o« enden, hier hinten mit »u« geschrieben werden. Das Asturische hat sich ebenso wie das Spanische aus dem gesprochenen Latein entwickelt. Deshalb ist es dem Spanischen relativ ähnlich und wir finden uns mit unseren Sprachkenntnissen noch gut zurecht.

Vom Strand hinter Buelna mache ich am Abend noch einen kleinen Spaziergang nach Westen am Meer entlang. Ein paar Buchten weiter, schon fast beim nächsten Dorf Pendueles, ragt ein großer Fels spitz aus dem Wasser. Wenn das Meer gerade niedrig steht, ist die Insel aus Stein mit dem Strand verbunden. Oben an der Klippe haben sich zwei spanische Hobby-Fotografen platziert. Sie warten auf das richtige Licht und verraten, dass dieser Ausblick ihrer Meinung nach eines der schönsten Fotomotive in ganz Asturien ist. Die Kontraste sind stark: Das Gestein ist sehr dunkel und hebt sich vom weiß schäumenden Meer ab. Auch der Strand wirkt fast schwarz, weil er komplett von Algen bedeckt ist. Der Weg hinab ist gerade eher abenteuerlich – vor allem mit den Schlappen, die ich anhabe. Ein schmaler, ausgewaschener Pfad führt die steile Küstenwand hinunter. An einem Stück hängt sogar ein Stück Seil zum Festhalten. Unten wartet ein Strand, der jetzt im Herbst wohl kaum noch besucht wird. Wobei er sich wahrscheinlich auch im Sommer nicht so gut zum Baden eignet, weil es im flachen Wasser viele Steine gibt. Bevor es ganz dunkel wird, mache ich mich lieber auf den Rückweg über den ausgesetzten Trampelpfad. Die Spanier sind unerschrockener und bleiben noch, um die verschiedenen Stimmungen des Lichtes einzufangen.

Schönes Abendlicht am Strand bei Buelna

Aussicht auf den Playa de Pendueles
N 43°23'52.1" W 4°37'44.1"
Bis zum Aussichtspunkt über dem Strand kann man auch mit dem Auto fahren. Eventuell kann man hier auch über Nacht stehen, wobei allein in der kurzen Zeit, in der ich da war, zwei Autos gekommen sind, die hier kurz gehalten haben, um die Aussicht zu genießen.

Am kleinen Strand hinter Buelna
Zwei Anfahrten, beide teilweise sehr eng: Von der A8/N-634 durch den kleinen Ort Buelna, dann muss man auf einer sehr schmalen Brücke die Zuggleise überqueren und in einer engen Kurve nach links (nicht für Wohnmobile geeignet); oder man kommt von Westen durch Pendueles, hier muss man durch eine schmale Straße, die mit Steinmauern begrenzt ist und dann über die Feldwege, aber ohne enge Kurven.
N 43°23'44.9" W 4°37'10.2"

Oben: Fotogener Strand bei Pendueles
Unten: Hafen von Llanes

RADTOUR

Die Verführung der gelben Pfeile

Da der Weg nach Llanes entlang der Küste verläuft, denken wir, dass er nicht so schwer zu finden sein kann. Auf gut Glück folgen wir dem Jakobsweg und lernen dabei eine wichtige Lektion: niemals unreflektiert den gelben Pfeilen folgen. Die gelben Pfeile markieren eigentlich den Verlauf des Jakobswegs. Das klingt erst mal gar nicht so schlecht. Abgesehen davon, dass dieser auch mehrere Varianten kennt, haben gewiefte Spanier die Wirkung der Markierungen für sich entdeckt. Und so führen die Pfeile manchmal auch zu Gasthäusern oder Restaurants. Schlussendlich fahren wir fast den ganzen Weg nach Llanes an der Landstraße N-634 entlang. Aber so müssen wir wenigstens nicht denselben Weg zweimal fahren. Die Straße ist schön breit und wenig befahren. An den Häusern links und rechts ist zu erkennen, dass hier in Asturien schon wesentlich weniger los ist als im Baskenland. Die Orte sind sehr klein und fast jedes zweite Haus scheint leer zu stehen. Viele – teilweise auch eher ruinöse Gebäude stehen zum Verkauf.

Llanes ist ein hübsches Städtchen mit historischem Stadtkern, in dem man gut eine Kaffeepause einlegen kann. Einst verdienten seine Bewohner ihre Brötchen, indem sie Wale jagten. Heute liegen im Hafen vor allem Boote, die um einiges kleiner sind als die großen Meeressäuger, und wohl eher der Freizeitgestaltung dienen. Wer dem Wasser in

Richtung Meer folgt, begegnet einem Bekannten aus dem Baskenland wieder. Die Wellenbrecher, die den Hafen schützen, sind bunt angemalt. Auch hier war der Künstler Agustín Ibarrola am Werk, und zwar an einem mit dem Namen »Cubos de la Memoria« – »Würfel der Erinnerung«. Am Hafen entdecken wir das Biocafé Qumara, das Frühstück und Crêpes anbietet. Wir bestellen einen Kaffee bei einem älteren Mann an der Bar und sitzen in der Sonne. Bis wir unsere Getränke bekommen, dauert es ein bisschen, da der Mann alles mit Gelassenheit vorbereitet. Der Kaffee ist wirklich sehr lecker. Bis jetzt hatten wir in den Supermärkten Probleme, fair gehandelte ganze Bohnen zu bekommen. Deshalb fragen wir, ob wir einen Sack kaufen können. Kein Problem – ein Kilo und wir sind für die nächsten Wochen versorgt.

An dieser Stelle noch ein Wort zum spanischen Kaffee: Es gibt normalerweise drei verschiedene Sorten zu kaufen und es wird nicht zwischen einer Röstung für Kaffee oder Espresso unterschieden. »Café natural« ist dem am nächsten, was wir in Deutschland kaufen. Diese Bohnen sind nur geröstet. Das Adjektiv »torrefacto« deutet darauf hin, dass zum Ende der Röstung auch Zucker hinzugegeben wurde. Dadurch erhalten die Bohnen einen schwarzen Glanz und der Kaffee wird kräftiger und dicker. Früher wurde diese Methode angewendet, um die Bohnen besser haltbar zu machen. Heute gibt es die gezuckerten Bohnen noch, weil die Spanier diesen Kaffee gerne trinken – allerdings meist in der dritten Variante, nämlich als »mezcla«, als Mischung aus »natural« und »torrefacto«.

Crepería Qumara
Plaza de la Magdalena, 33500 Llanes
Tel. 0034/696 47 55 51, www.qumara.es
Auf dem schönen Platz direkt am Hafen gibt es fair gehandelten Kaffee sowie Frühstück, Crêpes und Kuchen mit Zutaten aus biologischer Landwirtschaft. Auch Säfte machen sie hier selbst.

Die Suche nach den Wasserfontänen

Von Llanes finden wir endlich auch den Fernwanderweg E9 und treten den Rückweg auf der ursprünglich geplanten Route an. Zunächst fahren wir durch den charmanten Ort Cué. Bevor wir auch Andrín durchqueren, kommen wir zu einem Aussichtspunkt, von dem wir auf zwei schöne Strände blicken, die an diesem Tag ganz verlassen sind, obwohl es warm ist und die Sonne scheint. Vor wenigen Tagen hat mit dem September die offizielle Strandsaison geendet. Obwohl

Keine Wasserfontänen, dafür spannende Felsformationen

dann Annehmlichkeiten wie Toiletten und Bars schließen, kann man natürlich trotzdem noch schöne Tage am Strand verbringen. Nur die Spanier scheinen es mit dem Saisonende ziemlich genau zu nehmen. Wer Zeit hat, sollte hier auf jeden Fall eine Pause einlegen. Hinter Andrín fahren wir dann auf einem Schotterweg an der Steilküste nach Osten. Hier begegnen wir den Protagonisten dieser Tour: den Bufones. Das sind Löcher im Gestein direkt an der Küste, die bis hinunter zur Meeresoberfläche reichen. Bei den richtigen Bedingungen wird das Wasser durch sie nach oben gedrückt und schießt als Fontäne empor. Doch wer nicht vorbereitet ist, verpasst das Spektakel. Um dieses Naturschauspiel zu sehen, sollte gerade Hochwasser sein. Außerdem sollten die Wellen eine gewisse Größe erreichen. Die meisten Chancen darauf hat man im Herbst oder Winter. Während unseres Besuchs können wir allerdings nur ein Grollen in der Tiefe hören, das auch schon ziemlich beeindruckend ist. Außerdem staubt das Wasser durch die Löcher ein bisschen nach oben. Auf dem Rückweg Richtung Buelna kommen wir am schönen Campingplatz »La Paz« vorbei. Seine Terrassen liegen direkt auf einem Berg an einer Bucht. Die Bar mit Aussicht lädt zu einer Pause bei Kaffee oder Bier ein. Im Ort Pendueles finden wir dann den Wegweiser, den wir auf dem Hinweg verpasst haben (aufgepasst: N 43°23'48" W 4°38'15").

Oben: Mit dem Rad durch Cué
Unten: Blick von oben auf den Playa de Ballota

Radrunde nach Llanes
Hinweg über die N-634, Rückweg ab Llanes auf dem E9, dafür Llanes auf der LLN-2 nach Cué verlassen, weiter bis zum Aussichtspunkt über den schönen Stränden Ballota und Andrín (N 43°24'34.7" W 4°42'52.3"), in den Ort Andrín abfahren, diesen Richtung Südosten verlassen (N 43°24'18.0" W 4°42'51.3"), immer dem Weg folgen, im Zweifel links so nah wie möglich an der Küste bleiben

Playa de Ballota
An dem kleinen Weg, der zum Playa de Ballota hinabführt, eignen sich mehrere Parkbuchten zum Stehen.
N 43°24'40.6" W 4°42'51.9"

Camping La Paz
Playa de Vidiago, 33597 Llanes
www.campinglapaz.com
N 43°23'58.8" W 4°39'10.0"
Der Platz liegt auf einem Hügel direkt über einer Strandbucht, schöne Aussicht von den Parzellen auf den Terrassen.

Start- und Endpunkt
Von Cangas de Onís bis Arenas de Cabrales

Streckenlänge
210 km

Fahrzeit
5 Std.

Nicht verpassen
auf einem Markt Brot, Käse und Wurst kaufen und als Brotzeit auf einer Wanderung genießen

TOUR 4

GEBIRGSRUNDE DURCH DIE PICOS DE EUROPA

Gebirgsrunde durch die Picos de Europa

WANDERN, MOUNTAINBIKEN, KÄSE ESSEN

Die Picos de Europa – wörtlich die »(Fels-) Spitzen von Europa« – sind ein besonderes Gebirge. Auf relativ kleiner Fläche versammeln sich hier viele Berge, deren Gipfel über 2000 Meter reichen. Vierzehn von ihnen sind gar höher als 2600 Meter. Und das, obwohl sie nur wenige Kilometer vom Atlantischen Ozean entfernt sind. Wer hoch genug hinaufsteigt, kann also – vor allem im nördlichen Teil – von den Bergen das Meer sehen. Das Gebirge teilt sich auf die drei Regionen Kantabrien, Asturien und Kastilien-León auf. Es besteht aus ebenfalls drei Massiven: im Osten das Macizo Oriental, in der Mitte das Macizo Central und im Westen das Macizo Occidental. Wir wollen das Gebirge von allen Seiten sehen und fahren deshalb in einer Runde einmal um alle Massive. Das machen wir gegen den Uhrzeigersinn. Es spricht aber nichts dagegen, in die andere Richtung zu fahren.

Die Straßen in den Picos des Europa sind oft aussichtsreich.

Das Zentrum des Gebirges ist als Nationalpark geschützt. Deshalb entscheiden wir uns, auf dieser Route auf Campingplätzen zu übernachten; auch, weil wir schon wissen, dass es im Hochtal Valdeón einen besonders schönen gibt. Die Region ist das größte und älteste Naturschutzgebiet seiner Art in Spanien. Im Macizo Occidental wurde bereits 1918 der Nationalpark Covadonga eingerichtet. Dieser wurde 1995 auf die beiden anderen Bergmassive ausgeweitet. Steinadler, Wölfe und Bären sind hier zuhause. Doch keine Angst: Die Raubtiere sind so wenige, dass ein normaler Wanderer sie kaum treffen wird. Außerdem würden sie sich sowieso aus dem Staub machen, sobald ihnen jemand zu nahe kommt. Und das wahrscheinlich schon so früh, dass derjenige das Tier und seinen Rückzug nicht einmal bemerkt.

Woher das Gebirge seinen Namen hat, bleibt ungeklärt. Einige nehmen an, dass er auf die spanischen Rückkehrer aus Amerika zurückzuführen ist. Die Gipfel sollen das Erste gewesen sein, das sie vom Meer aus von Europa gesehen haben. Andere sehen eine Referenz auf die griechische Mythologie und die Sage der schönen Phönizierin mit dem Namen Europa, die von Zeus verführt wurde. Sie habe sich vor ihrem zornigen Vater und ihren Brüdern in den Bergen weit weg von ihrer Heimat versteckt. Diese Berge fahren wir von Nordwesten an und verbringen noch eine Nacht am Ufer des Ríu Sella, bevor wir uns über Serpentinenstraßen in das Herz des Gebirges begeben.

Parkplatz am Ríu Sella
Von der A8 die Ausfahrt 319 Richtung »Cangas de Onís/Parque Nacional Picos de Europa« nehmen, im Kreisverkehr denselben Schildern auf die N-634 folgen, unter der Autobahn hindurch und direkt vor dem Restaurant rechts runter zum Fluss fahren.
N 43°25'56.8" W 5°03'45.7"
Hier liegen mehrere ebene Parkplätze an einer Ausstiegsstelle für Kanus. Deshalb sollte man morgens je nach Saison nicht so lange bleiben, bis der Betrieb beginnt.

Proviant vom Wochenmarkt

Am nächsten Tag ist Sonntag und damit Markttag in Cangas de Onís. Hier gibt es regionalen Käse, handwerklich hergestellte Wurst, außerdem Brot, Honig, Gemüse und Obst. Wir decken uns für die kommenden Tage in den Bergen gut ein. Die Verkäufer sind teilweise Senioren, die an einem kleinen Tisch nur ganz wenig anbieten: zwei bis drei Arten Gemüse oder verschiedene Sorten getrockneter Bohnen aus dem eigenen Garten. Um den Marktkern mit den kulinarischen Ständen gibt es – wie sollte es anders sein – natürlich ebenfalls günstige Kleidung, Schuhe und Taschen zu kaufen. Auch der Ort ist schön anzusehen. Es lohnt sich, einmal hindurch zu schlendern. Ein beliebtes Fotomotiv ist die sogenannte Romanischen Brücke – »Puente Romano«, die über den Fluss Sella führt. Sogenannt, weil sie höchstens romanischen Ursprungs ist. Erbaut wurde sie erst im Mittelalter.

Der Ursprung des spanischen Königreichs

Wer schon in Cangas de Onís ist, besucht meist auch den historisch bedeutenden Ort Covadonga, der zehn Kilometer entfernt ist. Hier fand 722 eine für ganz Spanien wichtige Schlacht statt. Fürst Pelayo besiegte ein maurisches Heer und läutete damit die Reconquista ein. So begann die Rückeroberung der iberischen Halbinsel durch die Christen und die Vertreibung der muslimischen Eroberer. Somit legte Pelayo hier auch den Grundstein für das spanische Königreich. Ebenfalls lockt das Bergdorf Wallfahrer an: In eine natürli-

Oben: Auf dem Markt gibt es Wurst aus Kuh, Wildschwein und Hirsch.
Unten: An den Gebirgsstraßen laden viele Parkbuchten zur Rast ein.

(cow)
SUAVE
JABALÍ
(wild boar)
SUAVE
CIERVO
SUAVE

50

che Höhle zogen sich die Soldaten Pelayos während der Schlacht zurück. Sie ist heute als »Cueva Santa«, die heilige Grotte, bekannt. In ihrem Zentrum steht eine Altar mit der »Virgen de las Batallas«, der »Jungfrau der Schlachten«. Hier ist auch die Grabstätte des Fürsten Pelayo zu besichtigen.

Ebenso beliebt sind die zwei Seen Lago Enol und Lago de la Encina, die oberhalb von Covadonga liegen, und deshalb auch als »Lagos de Covadonga« bekannt sind. Selbst fahren kann man in der Hochsaison nur bis ins Dorf. Ab dort muss man den Bus nehmen. Dieser fährt auch in Cangas de Onís los. Für alle, die fitte Beine haben, ist auch eine Zufahrt mit dem (Renn-)Rad ist denkbar.

Da wir an einem warmen Sonntag hier sind und die Sonne fröhlich scheint, entscheiden wir uns gegen den Besuch im wahrscheinlich sehr vollen Covadonga. Das ist selbst außerhalb der Hauptsaison im August eher an einem Werktag zu empfehlen. Nach dem Marktgewusel in Cangas de Onís zieht es uns in die Ruhe der Berge. Frisch gestarkt von einem Nussgebäck machen wir uns auf den Weg nach Posada de Valdeón. Hier sind wir im Hauptort des Hochtals Valdeón, der großteils aus schmucken Steinhäusern besteht. Wo früher hauptsächlich Selbstversorger von ihrer Landwirtschaft lebten, kommen heute Gäste, um die Berge zu entdecken. Abgesehen vom Tourismus ist hier nicht mehr viel los. In der Nebensaison ist es also sehr ruhig. Am Straßenrand entdecken wir immer wieder kleine Holzhütten, die auf Stelzen stehen. Diese »Hórreos« dienen als Getreidespeicher. Hier war die Ernte vor Feuchtigkeit und Tieren geschützt. Für eine Nacht kommen wir auf dem Stellplatz der Gemeinde Posada unter.

Stellplatz der Gemeinde in Posada de Valdeón
N 43°09'09.6" W 4°55'03.1"
Entweder es kommt jemand vorbei, um die Gebühr von 10 Euro einzusammeln, oder man meldet sich selbst im Rathaus an; Toiletten und kalte Duschen in der Sporthalle nebenan, Frischwasser, Strom, Entsorgungsmöglichkeiten und Müllcontainer sind vorhanden.

Informationszentrum Parque Nacional Picos de Europa
N 43°09'02.1" W 4°55'07.6"
Hier gibt es Informationen zu Wanderungen und Radtouren sowie Karten zu kaufen. Geöffnet Mitte März bis Anfang Dezember 9–14 Uhr und 16–18.30 Uhr

Oben: Wenig Autos, dafür viele Kühe auf den Straßen
Unten: Hórreos – Verbindung von Funktion und Dekoration

Historische Wolfsjagd

Am nächsten Tag klingelt der Wecker früh, denn wir wollen zu einer der bekanntesten Wanderungen der Picos aufbrechen. Sie führt durch die Schlucht des Flusses Cares. Diese und das Valdeón-Tal trennen das westliche vom mittleren Bergmassiv der Picos de Europa. Wir hoffen, dass an einem Montag im Herbst nicht so viel los ist. Ausgangspunkt ist der kleine Ort Caín, in den uns eine schmale Straße führt, die für Wohnmobile gesperrt ist. Auf dem Weg dorthin kommen wir am »Chorco de los Lobos« vorbei. Die Bergbauern bauten hier einst aus Holzpfählen eine Falle für Wölfe. Die ältesten Hinweise auf ihre Funktion stammen aus dem Jahr 1610. Im Winter musste das Vieh im Tal bleiben, da die Berge weiter oben mit viel Schnee bedeckt waren. Auch die Raubtiere zogen zu dieser Jahreszeit auf der Suche nach Beute in die tieferen Lagen. Mit der Falle schützten die Bauern ihr Vieh und sich selbst vor den Wölfen.

Unerwartet abenteuerlich

Caín ist ein Dörfchen, das auf den ersten Blick nur aus Gasthäusern, Restaurants und Lebensmittel- sowie Souvenirgeschäften besteht. Das alles ist aber recht klein gehalten und in hübschen steinernen Häusern untergebracht.

Zu mehreren gehören private Parkplätze, auf denen man auch über Nacht stehen kann. Einfach fragen!

Private Parkplätze in Caín
Im Ort gibt es mehrere Parkplätze auf Privatgrundstücken und meist auch hinter Toren/Schranken,
zum Beispiel: N 43°12'48.9" W 4°54'17.5"

Albergue de Caín »El Diablo de la Peña«
alberguedecain@gmail.com, 0034/987/74 05 62
Travesía del Cares 9, 28915 Caín
Hier haben wir vor der Wanderung sehr freundlich einen leckeren Kaffee bekommen. Eigentlich wollten wir zum Abendessen wiederkommen, weil die Gerichte auf der Karte vorzüglich klangen. Für die spanischen Essenszeiten waren wir nach unserer Wanderung aber leider viel zu früh dran.

Von hier führt die »Ruta del Cares« bis ins Dorf Poncebos auf der anderen Seite des Gebirges. Die Wanderung ist zu Recht eine der beliebtesten in den Picos. Beeindruckende Steinwände, Hunderte von Metern hoch, recken sich eng beieinander gen Himmel und bilden eine imposante Schlucht, in deren Tiefe der Cares gurgelt. Ihr Anblick ist so erhebend, dass sie auch »Garganta divina« – »Göttliche Schlucht« genannt wird. Die

Oben: Wanderweg in der Schlucht des Cares
Unten: Das Wasser des Cares ist klar und blau.

Cuetu Bermeyu
Vega Maor
Cabeza Muxa
Cabeza Llambria
Cuestas Sagradas
Monte Castiellu
La Cuesta Trabe
El Bobiu

meisten Ausflügler laufen in Poncebos los. Wer wie wir in Caín startet, muss sich also darauf einstellen, unterwegs vielen Leuten »hola« zu sagen. Dafür bleibt man von allzu vielen Überholmanövern verschont. Selbst für einen herbstlichen Montag ist bei uns viel los. Wir laufen auf einem breiten Weg, der aus dem hellen Kalkstein geklopft ist. Immer wieder durchqueren wir kurze Tunnel, immer wieder sehen wir nach oben zwischen die imposanten Felsen und nach unten, wo der Fluss sprudelt.

Neben dem Fußweg verläuft ein Wasserkanal. Überall weisen Schilder auf die Gefahr einer plötzlichen Flutung hin. Das ist heute aber anscheinend nicht zu erwarten. Denn zuerst dumpf und dann immer lauter werdend hören wir Stimmen, Lachen und Motorengeräusche aus dem Kanal. Aus einem Tunnel taucht ein Gefährt mit mehreren grinsenden Männern auf, die winkend an uns vorbeifahren. Sie sehen wohl nach dem Rechten in dem Kanal, der erbaut wurde, um das Wasserwerk von Camarmeña-Poncebos zu speisen. Er wurde Anfang des 20. Jahrhunderts errichtet – eine Mammutaufgabe in der steilen Schlucht und so gefährlich, dass von rund 500 Arbeitern elf ums Leben kamen. Sie stürzten ab oder wurden von herabfallenden Steinen getroffen. Um die Wartungsarbeiten am Kanal zu erleichtern, wurde Mitte des Jahrhunderts dann der heutige Weg angelegt. Für ihn war ursprünglich also gar keine touristische Nutzung vorgesehen.

Auf unserer Karte entdecke ich, dass wir an den östlichen Hängen der Schlucht über einen anderen Weg zurücklaufen können. Wir freuen uns, dass die Wanderung doch noch ein bisschen aufregender wird, als zuerst erwartet. Wir wissen nur noch nicht, wie aufregend.

Startpunkt der Ruta del Cares
Der Einstieg in die Wanderung ist leicht zu finden: Einfach das Dorf Caín auf der Hauptstraße Richtung Südosten verlassen.
N 43°12'38.1" W 4°54'11.2"

Das Gelände ist in der Wanderkarte aber gut zu erkennen.

Ein Wort zu spanischen Karten und Wegen

Wer wie wir die überaus reich markierten Wege der Alpen gewöhnt ist, muss sich hier umgewöhnen. Wir benutzen die Wanderkarte »Picos de Europa: Macizos central y oriental« im Maßstab 1:25 000. Was beim Blick auf die Karte sofort auffällt: Es gibt grundsätzlich schon mal nicht so viele Fußwege. Bei genauerem Hinsehen merkt das aufmerksame Auge dann auch noch, dass die eingezeichneten Wege teilweise einfach irgendwo aufhören und an keinem erkennbaren Ziel ankommen. Auch sind gar nicht so viele Wege zu finden, die auf einen Gipfel führen, so wie es in Deutschland normalerweise ist. Richtig amüsant ist dann der Blick in die Legende. Unsere Karte kennt für Fußwege die Kategorien »camino de buen trazado« (gut ausgebauter Weg), »sendero poco marcado« (wenig markierter Weg), »senda media perdida« (halb verwilderter Pfad) und »itinerario con hitos« (mit Steinmännchen markierte Strecke). Farbig in Braun markiert sind außerdem »schwierige Wanderwege«. Diese folgen teilweise den Wegen der eben genannten Kategorien, verlaufen manchmal aber auch durch laut Karte wegloses Gelände. Als Wanderer in den Picos hält man sich also besser an die Wege der ersten Kategorie, wenn man nicht über ordentliche Navigationskenntnisse verfügt. Alpine Erfahrung, Orientierung, Kartenlesen und nicht zuletzt ein bisschen Abenteuerlust sind für alle anderen Wege Voraussetzung. Weil das natürlich auf uns zutrifft und auch, weil wir uns dessen noch nicht ganz klar sind, biegen wir von der schön breiten Ruta del Cares ab auf einen der wenig markierten Wege. Dieser ist in diesem Fall anfangs gar nicht markiert, dafür aber klar zu erkennen. Er führt uns ausnahmslos sehr steil immer höher zwischen die felsigen Spitzen. Wir folgen dem Weg, der inzwischen mit ein paar Steinmännchen markiert ist, auf einen Sattel und genießen die traumhafte Aussicht. Anschließend geht es sehr steil bergab und der Weg ist kaum noch zu erkennen. Mehrmals müssen wir uns mithilfe der Karte versichern, dass wir richtig sind. Der steile Boden ist feucht. Wenn man ausrutscht, droht ein Absturz. Bei einem Schokoriegel wägen wir ab, ob wir weitergehen oder umkehren. Sicher ist für uns: Ohne erkennbaren Weg gehen wir nicht weiter. Dafür kennen wir uns in diesem Gelände zu wenig aus. Es ist zu wahrscheinlich, dass wir bei den steilen Felsen irgendwann nicht mehr weiterkommen. Wir entscheiden uns, noch ein Stück weiter zu schauen. Gerade so sind immer die nächsten zwei bis drei Meter des Trampelpfades zu erkennen. Der Rest verschwindet zwischen Gräsern und stacheligen Büschen. So gehen wir genau den geplanten Weg, wenn auch die Unsicherheit, nicht wieder auf der Ruta del Cares rauszukommen, die ganze Zeit mitläuft. Das letzte Stück zurück auf den ausgebauten Weg müssen wir durch Felsen abklettern. Beim Blick vom Weg auf unseren Ausstieg wird klar, dass wir den Einstieg in den Weg aus dieser Richtung niemals gefunden hätten. Dieser Weg ist wirklich nur denjenigen zu empfehlen, die sich gut mit einer Karte orientieren können, die Erfahrung im alpinen

Oben: Blaue Distel am Wegesrand
Unten: Spanische Ziegen finden sich hier oben besser zurecht als deutsche Touristen.

Gelände haben und absolut trittsicher und schwindelfrei sind. Für die Ruta del Cares dagegen braucht man eigentlich nur bequeme Schuhe. Sie ist relativ breit und verläuft die meiste Zeit ziemlich eben. Allzu viel Angst vor großen Tiefen sollte man allerdings auch hier nicht haben. Die kritischen Stellen sind aber mit einem Geländer gesichert.

Wo sich Hirsch und Wolf Gute Nacht sagen

Schon etwas erleichtert fahren wir über Posada nach Santa Marina de Valdeón. Das ist der nächste Ort hinter Posada. Hier richten wir uns auf dem wunderschönen Campingplatz El Cares ein und gönnen uns ein Abendessen in dem gemütlichen Restaurant auf dem Platz. Wir bestellen traditionell geschmortes Lamm und einen Burger mit regionalem Schafskäse. Mit der Wahl sind wir sehr zufrieden. Andrea vom Campingplatz erzählt uns, dass wir in der Nacht auf das Röhren der Hirsche achten sollen. Es könnte sogar sein, dass wir einen Wolf heulen hören. Außerdem soll es am nächsten Tag viel regnen. Sie sagt aber auch, dass man das hier nie so genau wisse. Und siehe da: kein Niederschlag und viel Sonne am nächsten Tag. So viel auch zur Verlässlichkeit des Wetterberichts in den Bergen.

Oben: Die Landschaft in den Picos de Europa ist abwechslungsreich.
Unten: Steinhäuschen in Santa Marina

Camping El Cares
Camino del Rejo,
24915 Santa Marina de Valdeón
www.campingelcarespicosdeeuropa.com
N 43°07'44.0" W 4°52'59.6"
Ein Besuch lohnt sich auch für das Restaurant des Campingplatzes. Die Mitarbeiter geben gerne Auskunft über Wanderungen in der Umgebung. Im Laden an der Rezeption verkaufen sie neben Lebensmitteln auch Wanderkarten.

Fantastische Wanderung

Auch am nächsten Tag steht eine Tageswanderung auf dem Programm: Wir wollen zur Hochebene Vega de Liordes aufsteigen. Dafür laufen wir hinab nach Santa Marina und beginnen den Aufstieg auf der anderen Seite des Tals. Wieder ist die Navigation nicht ganz einfach. Es gibt viele unmarkierte Trampelpfade. Doch der Hang ist nicht so steil und wenn man in die richtige Richtung geht, kann man nicht so viel falsch machen. Durch einen märchenhaften Wald mit knorrigen Bäumen und auf schmalen Pfaden durch dichtes Gebüsch führt uns der Weg immer weiter nach oben zu einem Punkt, der auf der Karte mit »Caben de Remoña« markiert ist. Es geht ein kurzes Stück an einer Fahrstraße entlang, bevor wir den Aufstieg zur Scharte zwischen den steilen Felsen beginnen. Hier wartet auf der anderen Seite die schönste Aussicht des Tages auf uns: Die Hochebene könnte kaum idyllischer sein. Durch eine grüne, fast ebene Wiese mäandern mehrere Bäche. Darauf weiden Kühe und Pferde. Am Rand steht eine robuste Steinhütte. Eingefasst ist dieses malerische Bild von hellen Felsen. Wir streunern noch ein bisschen durch die Felsen. Am nördlichen Ende der Ebene kann man die Wanderung noch ein bisschen ausdehnen. Hier führt ein Weg zur Berghütte Collado Jermoso auf 2064 Metern.

Startpunkt der Wanderung auf die Hochebene Vega de Liordes
N 43°08'01.1" W 4°52'57.3"
Vom Campingplatz zunächst ein Stück am Fahrweg entlang, dann rechts dem mit einem Schild markierten Pfad ins Dorf Santa Marina folgen. Das Dorf nach Osten auf der Calle Calvo Sotelo verlassen und an ihrem Ende die Talstraße überqueren.

Hier geht es munter auf und ab. Ich bin ganz allein, bis ein Motor aufheult und mir ein kleiner, ramponierter Allradler entgegen holpert. Durch die Fenster grüßen zwei Männer nett. Auf der Rückbank sitzt ein junger Hund, der aufmerksam nach draußen blickt. Ein Stück weiter öffnet sich der Wald und ich trete auf eine Wiese. In der Ferne erheben sich die hellen Felsgipfel der Picos. Inzwischen hat sich der Weg Richtung Süden geneigt. Am Wegrand steht eine kleine Felshütte. Obwohl es noch weitergeht, drehe ich hier um, denn am Bus wartet ein Kuchen auf mich. Es lohnt sich aber sicher, hier noch weiter bergauf zu steigen. Auf der Rücktour sehe ich das Auto von vorhin auf einer Lichtung stehen. Die Männer schlafen bei geöffnetem Fenster im kühlen Schatten. Als ich näher komme, fängt der Hund, der an einen Baum gebunden ist, an zu bellen. Die Männer schrecken hoch und grüßen wieder – dieses Mal nur etwas verhaltener. Wer es doch wieder anstrengender mag, der läuft einfach schneller. Die breiten Forstwege eignen sich auch gut zum Joggen.

Gemütliche Waldrunde

Aber es muss auch nicht schon wieder eine anstrengende Tageswanderung sein. Vom Campingplatz El Cares lässt sich auch eine gemütliche Strecke Richtung Westen gehen. Zunächst folge ich der Fahrstraße. Kurz nachdem rechts der Pfad ins Dorf abzweigt, biege ich links auf einen Fahrweg in den Wald ein.

Über der Ebene Vega de Liordes wird es felsig.

Kleine Wanderung durch Wald und über Wiesen

Einstieg: N 43°07‘56.8“ W 4°53‘23.0
Dem Weg in einer großen Kurve nach links folgen und auf demselben Weg zurück.

In Schlangenlinien durchs Gebirge

Wir wollen uns das Gebirge noch von einer anderen Seite ansehen. Dafür müssen wir südlich um das Zentralmassiv der Picos herumfahren. Das bedeutet: endlose Serpentinenstraßen. Am Straßenrand liegen häufig kleine Parkbuchten. Viele eignen sich für eine Kaffeepause der aussichtsreichen Art. Unzählige Kurven bringen uns schließlich nach Potes. Der Ort schmückt sich mit historischen Gebäuden und ist bei Touristen beliebt. Besonders sehenswert ist der Torre del Infantado aus dem 15. Jahrhundert. Der stattliche, viereckige Turm erscheint sehr wehrhaft und beherbergt heute das Rathaus von Potes. Im Gegensatz zu den Dörfern im Hochtal Valdeón ist hier richtig was los und die zahlreichen Restaurants sind gut gefüllt.

Oben: Scharte hoch über Santa Marina
Unten: Oft verstecken sich die Picos zwischen den Wolken.

Wer den Markttag in Cangas de Onís verpasst, hat hier montags die Chance, sich mit regionalen Köstlichkeiten einzudecken. Potes hat Glück mit seinem Klima: Hier ist das Tal breit. So kann die Sonne ordentlich hineinscheinen. Außerdem ist es durch die umliegenden Berge vor unwirtlichem Wetter geschützt. Deshalb gedeihen hier auch wärmeliebende Früchte wie Feigen und Trauben.

Auch wir füllen noch einmal unsere Lebensmittelvorräte auf und fahren dann nach Westen in ein Tal, an dessen Ende Fuente Dé liegt. Dieser Ort ist bei Touristen ebenfalls sehr beliebt, denn hier gibt es eine Seilbahn, die ihren Gästen einen steilen und anstrengenden Aufstieg erspart. Im Tal stehen mehrere Campingplätze zur Auswahl. Der in San Pelayo ist uns zu voll und zu eng. Deshalb bleiben wir auf dem Campingplatz La Isla nur wenige Kilometer hinter Potes. Hier ist auf einer Wiese zwischen Bäumen schön viel Platz und wir werden freundlich empfangen. Die Mitarbeiter sind sehr hilfsbereit, können uns aber bei der Suche nach einer Mountainbike-Tour vom Campingplatz kaum helfen. Es gibt zwar einige offizielle Routen, die sind aber im ganzen Tal verteilt und wir haben keine Lust, mit dem Auto zum Einstieg zu fahren. Es ist auch mal schön, nicht jeden Morgen alles aufräumen und verstauen zu müssen. Also suche ich auf unserer Karte eine Runde aus, die die Wege nutzt, die für Fahrzeuge mit Allradantrieb geeignet sind. Denn wo ein Auto hochkommt, kommen wir auch mit dem Fahrrad hoch, denken wir uns.

Camping La Isla
auf der CA-185 von Potes nach Fuente Dé,
Kilometer 2, 39586 Turieno
www.campinglaislapicosdeeuropa.com
N 43°09'27.1" W 4°39'21.8"
Liegt direkt zwischen einem Fluss und einer Straße. Diese ist aber wenig zu hören. Es gibt einen Pool.

Panoramarunde

Sogenannte Panoramarunden verheißen in unseren Augen normalerweise nichts Gutes. Denn meist werden so gemütliche Spaziergänge genannt, die man von der Bergstation von Gondeln aus bequem begehen kann. Ohne es zu wissen, soll unsere heutige Mountainbike-Tour den Namen Panoramarunde wegen ihren herrlichen Ausblicken verdienen. Als wir uns auf den Weg machen, hängen die Wolken noch tief und verdecken die großen Berge. Nach dem ersten Anstieg durch das Dorf Turieno müssen wir wieder einmal schieben. Der Weg ist zu ausgewaschen, steil und bröckelig. Wir können uns kaum vorstellen, dass hier irgendein normales Fahrzeug mit Allradantrieb entlangkommt. Anschließend bleibt der Anstieg für unser Niveau anspruchsvoll, aber fahrbar. Wir erreichen einen Rücken und gelangen auf eine unbefestigte Straße, die tatsächlich noch benutzt wird. Dementsprechend ist sie einfacher zu fahren. Hier überrascht uns die Aussicht auf das östliche Massiv der Picos. Steil recken sich die Felsen nicht weit von uns in den Himmel. Wir fahren ein Stück parallel zu den Wänden. Es geht immer wieder auf und ab, bis wir schließlich unsere geplante Abfahrtsroute erreichen. Die Forststraße ist teilweise etwas instabil und schotterig, macht aber Spaß zu fahren. An ihrem Ende erreichen wir das Örtchen Argüébanes, dessen Häuser aus Stein und Holz schön hergerichtet sind. Von hier führt uns eine Asphaltstraße zurück nach Turieno und anschließend zum Campingplatz.

Knackige Radrunde über Turieno
Einstieg in die Bergstraße: N 43°09'48.2" W 4°39'16.9", ab N 43°10'45.6" W 4°38'45.0" nach links weiter auf der besseren Fahrstraße, bei N 43°11'19.7" W 4°39'06.7" ebenfalls links und an der nächsten Gabelung gleich noch mal, ab N 43°11'20.5" W 4°39'56.7" bergab nach Argüébanes

Durch eine Schlucht nach Arenas de Cabrales

Um unsere große Runde durch die Picos de Europa zu vollenden, ist unser nächstes Ziel der Ort Arenas de Cabrales. Die Fahrt dorthin

Oben: Dieser Ausblick gibt den Beinen neue Kraft.
Unten: Die Häuser von Argüébanes liegen hoch am Hang.

führt durch die Schlucht Desfiladero de la Hermida. Hier gibt es – zumindest für den Beifahrer – viel zu gucken, denn die Straße verläuft in vielen Kurven durch die stellenweise sehr enge Schlucht. Ihre Wände ragen bis zu 600 Meter in die Höhe. Kurz vor dem Ort La Hermida steht ein Kurhotel (Balneario). Hier entspringen am Ufer des Flusses Deva heiße Quellen. Wir haben von vielen anderen Reisenden gehört, dass man das warme Wasser auch genießen kann, ohne das Hotel zu besuchen. Unter der Brücke sollen mit Steinen einige behelfsmäßige Becken gebaut sein, in denen man kostenlos im heißen Wasser schmoren kann. Wir haben aber auch gehört, dass die Quelle versiegelt wurde. Ebenfalls wurde uns erzählt, dass das Wasser kaum warm ist. Diese zwei Informationen könnten auch zusammenhängen. Allerdings wäre es möglich, dass sich das innerhalb weniger Monate wieder ändert. Da das Wetter uns gut gesinnt ist und die Sonne warm scheint, beschließen wir, die eventuell heißen Quellen auszulassen. Vielleicht lohnt es sich aber ein anderes Mal, vorbeizuschauen.

Wir kommen auf dem Campingplatz Naranjo de Bulnes unter, dessen Sanitärbereich an eine Wellness-Oase erinnert. Er ist geschmückt mit Pflanzen, abends zur Hauptduschzeit läuft entspannende Musik. Wir streifen noch eine Runde durchs Dorf, das sich in Laufnähe befindet. Es scheint halb aus Restaurants und Spezialitäten-Geschäften zu bestehen. Auch dieser Ort ist wegen der Cares-Schlucht populär, die nur eine kurze Fahrt ins Tal nach Poncebos entfernt liegt. Arenas liegt in der Gemeinde Cabrales, in deren Namen sich die Ziegen – »cabras« – niedergeschlagen haben, die überall in den Bergen anzutreffen sind. Aus ihrer Milch wird gemischt mit Kuh- und Schafsmilch der »Queso de Cabrales« hergestellt. Das ist ein Blauschimmelkäse mit hohem Fettgehalt, der besonders intentiv schmeckt und auch riecht. Das Besondere an ihm ist, dass er, wenn sich der erste Schimmel gebildet hat, in einer Berghöhle gelagert wird, wo er mindestens zwei Monate weiter reift. Der Käse wird auch in den umliegenden Gemeinden verkauft. Unseren haben wir auf dem Markt in Cangas de Onís erstanden. In Arenas kaufen wir noch einen regionalen Honiglikör, der später am Abend nicht ganz unbeteiligt am gemütlichen Beisammensitzen mit einem jungen Paar aus der Nachbarschaft des Campingplatzes ist.

Wer mehr über den Queso de Cabrales erfahren möchte, besucht die Cueva Exposición – ein Höhlenmuseum über den Käse. Es befindet sich an der AS-264 in Richtung Poncebos, gleich rechts hinter der Brücke am Ortsrand von Arenas.
www.fundacioncabrales.com
N 43°17'57.3" W 4°49'08.2"

Blick von Camarmeña Richtung Naranjo de Bulnes

Chorizo al Vino

Wer sich abends wie wir einen Honiglikör oder eine andere alkoholische Spezialität gönnen will, der kann seinen Magen mit einer Portion Chorizo al Vino und Weißbrot vorbereiten. Denn man braucht es gar nicht zu leugnen: Chorizo ist eine sehr fettige Wurst. Auch als kurze Zwischenmahlzeit eignet sich das Gericht, weil es sich sehr schnell zubereiten lässt.

Zutaten

Chorizo fresco (frisch, aus dem Kühlregal oder vom Metzger), alternativ lässt sich auch die luftgetrocknete Variante verwenden
Zwiebel, Knoblauch, Olivenöl, Rotwein, alternativ: **Weißwein oder Sidra** (spanischer Apfelwein)

Zubereitung

1. Die Chorizo in Scheiben schneiden und in einer Pfanne in Olivenöl knusprig anbraten. Zwiebel und Knoblauch klein schneiden.
2. Wenn die Chorizo braun wird, Zwiebel und Knoblauch dazugeben und kurz mitbraten.
3. Anschließend mit Wein oder Sidra ablöschen und ein paar Minuten köcheln lassen, sodass die Flüssigkeit reduziert. Gewürzt werden muss das Gericht eigentlich nicht.

Tipp

Diese Tapa hat einen sehr intensiven Geschmack. Deshalb passt Weißbrot sehr gut dazu. Außerdem kann man damit die ganze leckere Soße auftunken.

Camping Naranjo de Bulnes
Der Platz liegt auf der Straße von Arenas de Cabrales nach Panes, Kilometer 32 in 33554 Arenas de Cabrales.
www.campingnaranjodebulnes.com
N 43°17‘59.7“ W 4°48‘12.5“

Auf der Suche nach dem Gipfel

Am nächsten Tag begleiten uns Eva und Dani auf einer Wanderung. Hoch über Poncebos – wo an schönen Wochenende Scharen von Autos parken, deren Besitzer durch die Cares-Schlucht laufen – liegt Camarmeña. Dieses winzige Dorf aus Stein in steiler Hanglage ist der Ausgangspunkt für unsere Wanderung. Von anderen wird es wohl hauptsächlich wegen der guten Sicht auf den Naranjo de Bulnes, den wahrscheinlich bekanntesten Berg der Picos, besucht. Er ist auch unter seinem asturischen Namen Picu Urriellu bekannt. Sein Gipfel reckt sich auf der anderen Seite des Tals gen Himmel. Darunter erkennt man die paar Häuser des Ortes Bulnes, zu dem keine Straße führt. Wer ihn besuchen möchte, muss laufen oder mit einer Seilbahn fahren.

Wir sind aber hier, um den Pico Cuetón zu besteigen. Der Weg ist wieder einmal nicht

Oben: Auch beliebt als Snack für zwischendurch – Chorizo al Vino
Unten: Unheimlicher Fund auf dem Weg zum Pico Cuetón

markiert. Bis zu einigen Steinhütten auf 1320 Metern (Majada de Ondón) führen aber mehrere gut erkennbare Pfade die steile Bergflanke hinauf. Über uns kreisen einige riesige Vögel. Wir fragen uns, ob es wohl wieder Geier sind, verfügen aber nicht über genügend ornithologisches Wissen, um das herauszufinden. Auf wenig Strecke gewinnen wir schnell an Höhe – immer begleitet von der beeindruckenden Aussicht übers Tal. Nach den Hütten endet der erkennbare Weg. An der Seite des kleinen Rückens dahinter steigen wir in eine Senke ab, um uns auf der anderen Seite einen Weg durch die Felsen zu bahnen. Schnell entdecken wir einige Steinmännchen, denen wir zunächst folgen. Bald haben wir aber das Gefühl, dass die Türmchen unterschiedliche Wege markieren. Zu noch mehr Verwirrung führen die vielen Trampelpfade, die sich durch das gut begehbare Gelände ziehen. Die meisten davon sind allerdings eher von Kuhhufen als von Bergstiefeln gemacht. Der Gipfel des Cuetón befindet sich leider auch knapp außerhalb des Gebiets, das unsere Wanderkarte abbildet, und so suchen wir uns am Ende einfach unseren eigenen Gipfel aus. Eine letzte Entscheidung haben wir dann oben noch zu fällen: Welche Aussicht darf es zur Brotzeit sein? In die eine Richtung blicken wir auf das Zentralmassiv der Picos, in der anderen sehen wir hinter der nächsten Bergkette den tiefblauen Atlantik. Wir hatten – bis zum Ende – wenig Probleme bei der Wegfindung. Diese Tour erfordert aber auf jeden Fall selbstständige Orientierung in felsigem und steilem Gelände. Außerdem sollte es bei einem Höhenunterschied von 1200 Metern nicht allzu weit her sein mit der Kondition. Auch der Abstieg verlangt noch einmal volle Konzentration. Auf dem bröseligen Pfad will jeder Fuß stabil gesetzt sein.

Oben: Die Aussicht beim Wandern ist herrlich.
Unten: Das Auto empfängt uns nach der Wanderung wieder an der Kapelle.

Tagestour über Camarmeña
Parken kann man in der Kurve an der Kirche: N 43°15'31.0" W 4°50'12.4" Startpunkt des Pfades: N 43°15'33.8" W 4°50'14.9", Hütten (Majada de Ondón) bei N 43°15'52.9" W 4°51'30.4", wer wirklich auf den Cuetón möchte, muss sich nach der Senke hinter den Hütten eher rechts Richtung Nordosten halten und zum Rücken aufsteigen, um über diesen zum Gipfel zu gelangen: N 43°16'10.1" W 4°51'39.1"

Klettergarten Las Cabadas
Nur eine Viertelstunde zu Fuß vom Campingplatz Naranjo de Bulnes entfernt liegt ein Klettergarten mit Routen zwischen dem vierten und achten Grad. Am Wald den linken Weg nehmen. N 43°18'20.1" W 4°48'22.6"

Start- und Endpunkt
Von Rodiles bis Peñarronda

Streckenlänge
210 km

Fahrzeit
mit Autobahn 3 1/2 Std., ohne Autobahn 5 Std.

Nicht verpassen
Wanderung auf dem Senda Naviega
über dem Playa de Frejulfe

TOUR 5

ASTURIEN TEIL 2: PLAYA DE RODILES BIS PEÑARRONDA

Asturien Teil 2: Playa de Rodiles bis Peñarronda

DAS SÜSSE STRANDLEBEN

Wir wollen weiter nach Westen, wo es immer leerer wird. Als nächste Station haben wir uns die Landzunge hinter Gijón ausgesucht. Damit wir nicht so weit fahren müssen, machen wir noch einen Zwischenstopp am Playa de Rodiles. Hier ist auf dem großen Strandparkplatz der hintere Teil extra für Wohnmobile ausgewiesen. Jetzt in der Nebensaison ist am Strand so gut wie nichts los, nur ein paar Surfer sitzen in den Wellen. Hinter dem Sand wächst ein Eukalyptuswald, der mit Picknicktischen und Bänken ausgestattet ist. Durch den Wald am östlichen Ende des Strandes führt ein Pfad zu einem Aussichtspunkt. Hier scheint kaum jemand zu gehen, denn der Pfad ist teilweise ziemlich zugewachsen, Büsche und Sträucher reichen von den Seiten in den Weg herein. Von oben hängen Kletterpflanzen hinab, sodass ich mich wie in einem Dschungel fühle. Am Ende des Weges wartet der Ausblick auf den Playa de Rodiles, an dessen Westseite ein breiter Fluss seinen Weg ins Meer findet.

Abends sitzen wir beim Kochen draußen. Da spüre ich etwas an meinem Bein. Ich sehe hinab und finde drei Mücken auf einmal bei der Arbeit. Das ist das erste Mal, dass wir es mit den Blutsaugern zu tun bekommen, obwohl wir schon von anderen Campern schreckliche Geschichten mit diesen Tierchen als Hauptfiguren gehört haben. Es liegt wohl an dem Fluss, der hier ins Meer mündet, und an dem feuchten Gebiet an seinem Ufer. Mir schwant schon Böses, eine schlaflose Nacht mit pausenlosem Summen im Ohr. Unsere Tür ist schon eine ganze Weile offen. Aber ich bin vorbereitet und versuche das Schlimmste abzuwenden: Erst mal ziehe ich etwas Langes an, dann stelle ich zwei Citronella-Kerzen auf und schmiere mich mit einem selbst gemachten Duftöl ein. Tatsächlich lassen sich die Mücken komplett verscheuchen und wir verbringen einen ruhigen Abend und eine erholsame Nacht.

Auf dem Holzweg am Playa de Xagó

Parkplatz am Playa de Rodiles
N 43°31'55.6" W 5°22'29.2"
Der hintere Teil des Parkplatzes ist für Wohnmobile angeschrieben. In der Saison Toiletten und Duschen am Strand. Müllcontainer sind vorhanden.

Spaziergang auf der Landzunge
Einstieg an der Straße oberhalb des Parkplatzes: N 43°31'58" W 5°22'16"

Duftöl gegen stechende Insekten

Vielleicht hatten wir Glück, dass die Mücken am Playa de Rodiles in diesem Jahr nicht besonders hartnäckig waren, schaden kann eine gut riechende Abwehr aber auch nicht.

Zutaten
hochwertiges Trägeröl: zum Beispiel Mandel oder Jojoba, **100 % natürliche ätherische Öle:** Gegen Mücken helfen unter anderem Citronella, Zitroneneukalyptus, Lavendel, Nelke, Rosmarin, Pfefferminze, Rosengeranie

Zubereitung
Öle aussuchen, die man auch selbst gerne riecht und dann mit dem Trägeröl mischen. Der Anteil der ätherischen Öle am Endprodukt sollte 3 % vom Trägeröl nicht überschreiten. Für einen Milliliter kann man ungefähr 20 Tropfen annehmen. Auf der Verpackung steht oft, in welchem Verhältnis die Öle gemischt werden dürfen. Weitere Informationen bekommt man beim Hersteller. Ich habe Citronella, Zitroneneukalyptus und Lavendel verwendet. Als Behältnis kann man einfach ein leeres, dunkles Glasfläschchen oder Ähnliches nehmen. Sonst gibt es praktische Flaschen zum Aufrollen von Ölen zum Beispiel in Apotheken.

Bouldern am Strand

Für den nächsten Tag habe ich aus bedingt sicheren Internetquellen einen Ort zum Bouldern rausgesucht und wir wollen endlich einmal unsere Bouldermatte benutzen. Wobei, benutzt haben wir sie schon reichlich – allerdings nur als Sofa vor dem Bus. Jetzt wollen wir sie wirklich einmal zum Klettern hernehmen. Am Playa de La Ñora soll es einige Felsen am Strand geben. Über Felder und durch Hügel fahren wir in einer typisch asturischen Landschaft zu einem abermals verlassenen Strand. Inzwischen haben wir hohe Ansprüche. Wir haben schon so viele wunderschöne Strände gesehen, dass es jeder »normale« Strand fast schwer hat.

Oben: Am Playa de la Ñora ist im Oktober nicht mehr viel los.
Unten: Kerzen und Duftöl gegen Stechmücken

Aber an dem von La Ñora gibt es zum Glück nichts auszusetzen: schöner feiner Sand, ein paar strukturierende Felsen im Wasser, bewaldete steile Klippen an der West- und grüne Wiesen an der Ostseite. Tatsächlich liegen unter den Klippen ein paar große Felsen. Sie sind aber so nah am Meer, dass die meisten gerade noch von Wasser umspült sind. Dann legen wir uns eben noch einmal in die Sonne. Mit fortschreitender Ebbe wagen wir uns dann an die Steine und stellen fest, dass Bouldern am Strand gar nicht so romantisch ist, wie es klingt. Der Sand klebt hartnäckig an den Füßen und macht die Schuhe nicht bequemer. Außerdem ist der Fels teilweise nass und brüchig. Also spielen wir nur ein bisschen herum und verbuchen diesen Tag doch wieder als Strandtag. Und die Bouldermatte hat inzwischen ihre feste Funktion als Outdoor-Sofa eingenommen.

Playa de La Ñora
N 43°32‘47.5“ W 5°35‘22.1“
Dieser Strand ist eher in der Nebensaison zu empfehlen. Im Sommer ist es hier sehr voll, da er nah an der großen Stadt Gijón liegt und auch nicht so groß ist.

Oben: Parken über dem Playa de Verdicio
Unten: Nebenan ist die Zufahrt abenteuerlicher.

Von Playa zu Playa

Vor Stränden kann man sich in Nordspanien wirklich kaum retten. Oft sind es nur wenige Autominuten von einer schönen Bucht zur nächsten. Bei der kleinen Siedlung Los Cuetos liegt der Playa de Verdicio, an den nach Westen gleich noch zwei Buchten anschließen. Am östlichen Strandende stehen zwei Chiringuitos – kleine Strandlokale, die jeweils mehrere Parkplätze direkt am Meer haben. Diese sind privat und in der Hochsaison wird eine Tagesgebühr verlangt. Auf der anderen Seite des Strandes liegen oben auf den Klippen noch mehr private Parkplätze. Wer sich traut und vielleicht auch einen Allradantrieb hat, kann in der nächsten Bucht bis zum Sand vorfahren. Den Weg sollte man sich vorher aber auf jeden Fall zu Fuß ansehen. Es kann sein, dass er vom Regen sehr ausgespült ist.

Als wir auf den Parkplatz fahren, sehen wir schon, dass dort ein anderer Bus mit einem Kennzeichen aus unserer Heimat steht. Wir vermuten schon, dass das die Drei sind, die wir vor ein paar Tagen in einem Restaurant in San Vicente de la Barquera getroffen haben. Und tatsächlich spazieren sie kurze Zeit später daher. Dieses zufällige Treffen ist wesentlich weniger zufällig als das letzte beim Essen. Denn dass man hier dieselben Leute zweimal oder noch öfter trifft, ist fast nicht zu umgehen. Gerade an den surfbaren Stränden sieht man immer wieder dieselben Camper stehen. Der Abend ist windig und kalt. Wir sitzen in einem engen Kreis um einen kleinen

Tisch herum. So schirmen wir uns gegenseitig ein bisschen vom Wetter ab und verbringen einen gemütlichen Abend mit dem Rauschen des Meeres im Hintergrund. Das soll vorerst das Ende unserer einsam zweisamen Reise sein.

Privater Parkplatz am Playa de Verdicio
Auf dem Weg nach Westen auf der AS-328 südlich an der Siedlung Los Cuetos vorbeifahren und dann rechts zum Playa de Verdicio abbiegen: mehrere Möglichkeiten, oben auf den Klippen zu parken.
N 43°37'28.8" W 5°52'40.6"
Während der Saison werden wohl 2 Euro Parkgebühr am Tag eingesammelt, bei uns kam keiner vorbei.

Alternativer Parkplatz am Chiringuito am anderen Strandende
Von der AS-328 auf die GO-9 abbiegen und nördlich direkt an der Siedlung vorbeifahren
N 43°37'44.3" W 5°52'32.1"
Auch hier werden für Camper 2 Euro verlangt, Wohnmobile zahlen 5 Euro.

Am nächsten Morgen plattert es verdächtig auf unser Autodach. Das kann nur eins bedeuten: Regen. Der kommt selten allein und hat noch seinen Freund, den Wind, mitgebracht. Und das ist so ziemlich das Letzte, was man sich bei einem solchen Urlaub wünscht. Wir begegnen dem Wetter mit unterschiedlichen Taktiken: Maxi zieht sich die Decke über den Kopf. Ich will mich nicht unterkriegen lassen und gehe laufen. Innerhalb weniger Minuten bin ich klatschnass. Zurück am Auto weiß ich gar nicht wohin mit mir und den nassen Sachen. Mir bleibt nichts übrig, als sie vorübergehend im Fahrerraum aufzuhängen. Und mit vorübergehend meine ich, bis es draußen wieder trocken ist.

Da nicht einmal die Wellen etwas hergeben, sprechen wir uns mit unseren Nachbarn ab und fahren an den nächsten Strand mit dem Namen Xagó. Wir stellen uns auf einem kleinen, unbefestigten Parkplatz zu anderen Campern aus Österreich und der Schweiz. Die Stelle ist von Büschen, Bäumen und Dünen gut vorm Wind geschützt. Dann beginnt ein Ritual, dass man auf fast jedem Strandparkplatz in Nordspanien beobachten kann. Alle versammeln sich der Reihe nach vor jedem einzelnen Reisemobil. Es geht um Ideen und Erfahrungen rund um den Ausbau. Und schon kennt man alle beim Namen und sitzt in einem Kreis beim Kaffee. Für den Abend schlägt jemand ein Feuer vor. Gesagt, getan. Einige sammeln am Strand Holz, die anderen graben eine tiefe Grube in den Sand. Die Schweizer haben Fisch gekauft und einer von ihnen erzählt uns von der einfachsten und vielleicht

Oben: Passend – Cabo Negro bedeutet Schwarzes Kap
Unten: Endlich wieder Sonnenschein am Playa de Xagó

romantischsten Art, einen Fisch zuzubereiten: Man wickelt in ihn Klopapier ein, durchtränkt das Paket mit Wasser und legt das Ganze für wenige Minuten an den Rand des Feuers oder auf die heiße Glut. So wird der Fisch innen gedämpft. Wenn das Klopapier ganz schwarz ist, kann man es als harte Schicht zusammen mit der Haut abziehen. Ein bisschen Salz und Zitrone und schon ist das Gericht fertig. Dann noch ein paar Kartoffeln aus der Glut dazu und ein bisschen Aioli. Später am Abend überrascht uns der Schweizer ein zweites Mal. Er nimmt mit der bloßen Hand ein Stück Glut aus dem Feuer, umschließt es mit seinen Händen kugelförmig und schüttelt es leicht. So hüpft das glühende Stück Holz auf und ab. Dabei berührt es seine Haut immer nur kurz. Wenn er hineinbläst, leuchtet es zwischen seinen Händen auf. Auf einmal wirft er es zum nächsten im Kreis und so macht der kleine Feuerball die Runde. Dass dieses Spiel ein gewisses Risiko birgt, ist allen klar und nicht alle in der Runde beteiligen sich. Spät in der Nacht schütten die Letzten, die noch wach sind, die Glut mit Sand zu. So ist das Feuer sicher gelöscht. Das hat am nächsten Morgen einen schönen Nebeneffekt: Der Sand ist hier immer noch so warm, dass man seine Füße darin wärmen kann. Und das ist auch nötig. Inzwischen ist es morgens schon ganz schön kühl. Es regnet zwar nicht mehr, aber der Himmel ist bedeckt und der Wind ist geblieben.

Gut, dass hier kein Müll mehr ins Meer geworfen wird.

Parkplätze am Playa de Xagó
Am langen Strand gibt es mehrere Parkplätze. In der Hochsaison ist er eher zu meiden, da er sehr nah an der Stadt Avilés liegt.
N 43°35'54.5" W 5°55'20.4": gut geschützt, aber zum Strand läuft man ein Stück durch die Dünen
N 43°36'20.0" W 5°54'52.9": direkt am Strand bei einer Bar
Während der Saison sind die Toiletten geöffnet, die Duschen sind auch nach der Saison noch nutzbar. Müllcontainer findet man bei den Häusern in der Mitte des Strandes.

Industrieruinen statt Kletterfelsen

Eigentlich soll der Playa de Xagó oft surfbar sein, wenn es überall sonst zu klein ist. Bei uns sind die Wellen aber eher chaotisch und nur die richtig guten Surfer unter uns kommen damit zurecht. Aber auch wir Anfänger haben unseren Spaß beim Plantschen.

Doch das ist als Aktivität noch nicht ganz tagfüllend. Wir beschließen deshalb, es noch einmal mit dem Bouldern zu probieren. Ich habe von einem Felsen am Cabo Negro östlich vom Playa de Xagó gelesen. Wir machen uns als große Gruppe auf den Weg und finden … nichts. Die Informationen zum genauen Ort waren im Internet leider widersprüchlich.

Statt Steinen zum Klettern finden wir ein heruntergekommenes Gebäude, das mit Graffitis bedeckt ist. Ein Schild verrät uns, dass das die Endstation einer Seilbahn war, die von den 60er bis in die 70er Jahre industriellen Müll aus Hochöfen und einem Wärmekraftwerk an die Küste transportiert hat, um ihn dort ins Meer zu werfen. Auf dem Rückweg sehen ein paar Paragleitern zu, wie sie über dem Strand in die Lüfte starten, und finden sogar noch einen kleinen Fels zum Rumprobieren.

Boulderfelsen am Cabo Negro
Für alle, die sich noch einmal auf die Suche begeben wollen: Im Nachhinhein haben wir herausgefunden, dass man vielleicht eher hier fündig wird.
N 43°37'13.4" W 5°54'56.1"

Werwölfe auf Gruppenreise

Mit den Österreichern und Deutschen – und einer Dänin, die den Deutschsprachigen tapfer trotzt – haben wir uns zu einer kleinen Reisegruppe zusammengefunden und verbringen noch ein paar Tage am Playa de Xagó. Die ersten, die morgens aufwachen, gehen die paar Meter vor zum Meer und schauen, wie die Wellen aussehen. Wenn es sich noch nicht lohnt, ins Wasser zu gehen, gibt es erst mal einen Kaffee mit den Füßen im warmen Sand. Später gehen wir zusammen surfen oder spazieren. Wir lesen oder machen Acro Yoga. An einem Morgen gibt es für alle Weißwurst-Frühstück. In München ist gerade Oktoberfest und da lassen es sich auch spanische Supermärkte nicht nehmen, auf den Zug aufzuspringen. Abends machen wir ein Feuer. Jeder steuert etwas zum Essen bei, sodass es am Ende natürlich viel zu viel für alle ist. Mathias, der allein in einem Mercedes-Benz T1 unterwegs ist, schlägt vor, eine Runde Werwolf zu spielen. Das ist ein Kommunikationsspiel, das sich gut für eine größere Gruppe eignet. Ein Erzähler führt durch die Geschichte, in der die Bürger eines Dorfes von Werwölfen bedroht werden. Jeder Mitspieler übernimmt eine Rolle – ohne, dass die anderen wissen, welche. Nun geht es darum, die Mitspieler von seiner Unschuld zu überzeugen oder sie hinters Licht zu führen. Die richtige Stimmung für so eine Geschichte herrscht im Dunkel bei Feuerschein allemal.

Die Karawane fährt weiter

Wir verstehen uns so gut, dass wir mit fünf Bussen an den Playa de Cadavedo weiterfahren. Der Himmel ist bedeckt und es regnet ab und zu leicht. Als wir an dem kleinen Strand ankommen, sind wir fast allein, obwohl es sehr wahrscheinlich gute Wellen geben wird, weil die Bucht von Westen her geschützt ist. Auch hier sind die Toiletten und Duschen am

Oben: Halb zu lesen – Libertad (Freiheit)
Unten: Fels am nordöstlichen Ende des Playa de Xagó

NINGUN SER VIVO
YBERT

Parkplatz wegen der Nebensaison wieder geschlossen. Aber das lässt sich leicht verkraften, denn wir haben einen Naturpool. Um auf den ersten Parkplatz zu kommen, fährt man über eine kleine Brücke. Unter ihr fließt ein Bach hindurch, der sein kaltes Wasser in ein Becken ergießt. Durch die mit Moos bewachsenen Bäume und Farne an seinem Ufer wähnt man sich im Dschungel. Man kann über einen schmalen Pfad zum Becken absteigen. Dabei sei Vorsicht geboten. Wenn es feucht ist, wird der steile Boden schnell rutschig. Oben am Wasserfall ist ein Seil an einem Baum festgebunden, das beim Absprung ins kalte Nass hilft und so manch einen dazu verleitet, den schwingenden Tarzan darzustellen. Und noch etwas macht diesen Platz besonders: An den Felsen am südlichen Strandende gibt es eine Quelle mit frischem Wasser. Aus zwei Rohren fließt es direkt aus dem Fels hinaus. Einheimische fahren mit ihren Autos so weit es geht an den Strand vor und füllen sich Kanister für Zuhause auf.

Parkplatz am Playa de Cadavedo
Abzweigung in einer Kurve der N-632a nicht verpassen, durch den Ort Cadavedo auf der VA-3 bis zum Strand.
N 43°33'04.4" W 6°22'18.3"
Toiletten und Duschen während der Strandsaison geöffnet, Müllcontainer und Frischwasser vorhanden.

Natürliche Badewanne am Playa de Cadavedo

Auch am nächsten Tag bleibt es grau und regnerisch. Wir sind allein auf dem Parkplatz und suchen Zuflucht unter unseren Markisen. Es ist schön, so einen Tag nicht allein zu verbringen. Bei so vielen Leuten bleibt die Stimmung länger gut und der Tag gestaltet sich abwechslungsreich. Die einen machen Glühwein für alle. In einem Bus werden Brettspiele gespielt, in einem anderen ein Surffilm geguckt. Dann sind auch noch die Wellen gut und wir sind als Gruppe so ziemlich allein im Wasser. Tatsächlich ist das – zumindest für uns – wohl die beste Methode, surfen zu lernen: indem wir mit fortgeschrittenen Surfern sprechen. Linda und Herb teilen ihr Wissen und ihre Erfahrung mit uns. Sie werden nicht müde, uns immer wieder zu erklären, was die Wellen gerade machen und warum das gut oder schlecht ist, um auf ihnen zu reiten. Auch Bene, Jule und Mathias gehen mit uns ins Wasser und geben uns Tipps, was wir besser machen können. Abends, als der Regen zum Glück aufgehört hat, macht Mathias einen wärmenden Eintopf für alle. Wir stellen unsere Campingtische zu einer langen Tafel zusammen und zünden Kerzen an. Nono, der ausgebildete Barkeeper, macht anschließend für alle Whisky Sour. Das ist gut, denn abends wird es inzwischen schon ganz schön kalt und der Whisky wärmt von innen. Wenn wir draußen sitzen wollen, haben wir lange Unterhosen drunter und Daunenjacken an.

Am nächsten Tag ist es vorbei mit unserer kleinen Nebensaison-Idylle. Der Himmel zieht auf, die Sonne zeigt sich und die Wellen sind gut. Deshalb füllt sich der Strand im Laufe des Tages immer mehr. Hier haben wir unsere einzige negative Begegnung der ganzen Reise. Ein spanischer Surfer ist sauer, weil er mit seinem Auto nicht bis ganz vor an den Strand fahren kann, um die Wellen zu begutachten. Inzwischen sind beide Parkplätze voll mit Campern aus ganz Mittel- und Westeuropa. Auch ein paar spanische Urlauber sind dabei. Der einheimische Spanier macht mit seinem Tablet Fotos von unseren Autos und schreibt mit grimmiger Mine Nachrichten. Ich versuche zu schlichten. Er sagt, er habe nichts gegen uns persönlich, aber sein Ärger habe sich schon den ganzen Sommer aufgestaut. Er arbeitet und kann nicht immer zum Surfen kommen. Wenn er Zeit hat und gute Wellen sind, dann sind immer schon ganz viele Urlauber vor ihm da. Dass das nicht schön ist, ist verständlich. Leider kommt es gerade mit Surfern – vor allem auch im Wasser – immer wieder zu Konflikten, weil die Wellen vergänglich sind. Wir versuchen einfach, allen anderen freundlich zu begegnen und die Spanier immer zu grüßen, sodass sie vielleicht auch eher zu einem Gespräch bereit sind, wenn sie etwas stört.

Nach dem schwierigen Gespräch mache ich mit den anderen einen Spaziergang zum

Oben: Neoprenanzüge und Bretter werden im Regen gewaschen.
Unten: Strahlend blauer Himmel am nächsten Morgen

PK 13
SENDA
COSTA NAVIEGA
EL PICÓN

Kopf lüften. In der Mitte des Strandes führt ein Pfad hinauf zu den Klippen an seinem Nordende. Hier steht die Kapelle Eremita de la Regalina und man hat einen schönen Ausblick auf den Playa de Cadavedo und die Küste. Die Steilklippen erheben sich hier rund 80 Meter aus dem Meer. Im Norden sehen wir eine Bucht mit einem schmalen Sandstreifen. Die Felswände darüber scheinen keinen Weg zuzulassen. Vielleicht sehen wir hier tatsächlich einen komplett unberührten Strand.

Einsamkeit am Playa de Frejulfe

Ziemlich am Anfang unserer Reise hat uns schon einmal jemand von einem Strand mit dem Namen Frejulfe erzählt. Was schon geschrieben seltsam aussieht, ist auch nicht leicht auszusprechen: ein gerolltes »r« direkt nach einem »f« und das »j« wie ein »ch«. Hier haben wir aber nun endgültig die großen Ansammlungen von Campern hinter uns gelassen. Hinter einer langen Bucht mit feinem Sand steht hier ein schöner Pinienwald, in dem sich auch einige Eukalyptusbäume angesiedelt haben. Es gibt zwei Parkplätze. Von dem oberhalb des Strandes führt ein kurzer Pfad durch die Bäume hinab zum Strand. Hier gibt es auch einen Chiringuito, der bei unserem Besuch zwar schon geschlossen ist, aber einladend aussieht. Der zweite Parkplatz befindet sich am östlichen Strandende. Von hier ist der Weg zum Strand hinab etwas weiter.

Oben: Ein Hórreo bei der Kapelle La Regalina
Unten: Schöner Weg direkt an der Küste

Über dem Strand verläuft der Senda Naviega. Der Weg führt an der Küste vom Playa de Barayo zur Stadt Navia. Der Playa de Frejulfe liegt ziemlich genau in der Mitte. Man kann sich also aussuchen, ob man nach Osten oder Westen gehen möchte. Zum großen Teil ist die Strecke auch mit Mountainbikes gut befahrbar, aber es kann sein, dass man kurz mal schieben muss. Auch hier befinden sich Wanderer und Radfahrer wieder auf dem Europäischen Fernwanderweg E9, der der kompletten spanischen Atlantikküste folgt.

Inzwischen ist unsere Karawane auf drei Busse geschrumpft. Am nächsten Morgen werden sich unsere Wege vorerst trennen. Also steht uns ein Tag der letzten Male bevor. Noch ein letztes Mal gehen wir gemeinsam an den Strand. Die Sonne scheint und es ist für die letzten Tage ungewöhnlich warm. Beim Surfen haben heute leider nur die Fortgeschrittenen Spaß, denn die Wellen brechen sehr nah am Strand. Wir unternehmen einen letzten Boulder-Versuch an den Felsen im Sand. Doch wieder ist der Stein brüchig. Am westlichen Strandende probieren wir ein bisschen herum, bis auf einmal eine große Welle hereinschwappt und unsere Matte mit ins Meer nimmt. Das werten wir dann als Ende unserer Boulder-Bestrebungen. Mit Blick auf das Meer trinken wir noch einen letzten Kaffee zusammen.

Abends grillen wir noch ein letztes Mal über der Feuerschale und machen zur Feier noch einmal Klopapierfisch. Kurz vor der Dämmerung kommen auf einmal mehr und mehr spanische Autos auf dem Parkplatz an. Die Insassen öffnen die Kofferräume und tragen Töpfe, Schüsseln und Bleche in Richtung Chiringuito. Bald hören wir auch Musik aus der Bar. Es wird wohl ein Fest gefeiert. Aber an uns paar Urlaubern stört sich zum Glück keiner.

Parkplatz am Playa de Frejulfe
N 43°33'27.5" W 6°40'36.6"
Während der Strandsaison gibt es Toiletten und Duschen am Strand.
Alternativer Parkplatz am Ostende:
N 43°33'34.3" W 6°40'14.8"

Küstenweg Senda Naviega
Wer den kompletten Senda Naviega mit dem Rad fahren möchte, startet entweder am Playa de Barayo im Osten (N 43°33'34.7" W 6°37'18.8") oder am Playa de Navia im Westen (N 43°33'16.3" W 6°43'13.6"). Wer Weg beginnt jeweils direkt an einem Parkplatz. Zu Fuß schafft man die 20 Kilometer an einem Tag eher nur in eine Richtung.

Oben: Gut verpackt trotzt die Dorade dem Feuer.
Unten: Sonnenaufgang über dem Playa de Frejulfe

Klopapierfisch

Zutaten
ganze frische Fische, zum Beispiel Dorade
Klopapier, ohne Duft und Farbe
Gewürze und Zitrone

Zubereitung
1. Die Fische in kaltem Wasser abwaschen. Man lässt sie am besten gleich beim Kauf ausnehmen.
2. Die Fische nach Vorlieben innen würzen, zum Beispiel mit Salz und Pfeffer, Zitronenscheiben, Rosmarinstängeln. Von außen würzen bringt in diesem Fall leider nichts, da die Haut bei dieser Garmethode nicht mitgegessen wird.
3. Fische von Kopf bis Schwanz in Klopapier einhüllen. Mindestens fünf Lagen sollten es sein. Acht sind auf jeden Fall ausreichend. Anschließend in einer Schale unter Wasser tauchen, sodass das Klopapier komplett mit Wasser vollgesaugt ist.
4. Jetzt kommen die Fische direkt auf die heiße Glut. Hier brauchen sie von jeder Seite zwischen fünf und zehn Minuten – je nach Größe. Ganz gut umdrehen lassen sie sich mit zwei Löffeln.
5. Zum Herausnehmen wieder zwei Löffel oder vielleicht auch einen Pfannenwender verwenden. Dieser sollte allerdings auf keinen Fall aus Plastik sein. Auch mit Plastiktellern sollte man aufpassen, da manchmal noch kleine Glutstückchen am Papier hängen. Jetzt sollte das Klopapier zu einer harten Kruste geworden sein. Wenn man sie aufklappt, geht die labbrige Haut direkt mit ab und man kommt direkt ans leckere Fleisch.

OCUN

Abschied von Asturien

Wir sind wieder auf uns allein gestellt und passenderweise erwischt uns am selben Tag auch noch das schlechte Wetter. Der Himmel gönnt uns nur noch ein trockenes Frühstück und öffnet gerade, als wir alles zusammengepackt haben, seine Schleusen. So schnell wie der Regen gekommen ist, so schnell ist auch unsere Entscheidung getroffen: Wir wollen den Tag für die Straße nutzen und die Grenze nach Galicien überqueren.

Vorher besuchen wir noch das Örtchen Tapia de Casariego, das uns die Mitarbeiterin eines Surfshops empfohlen hat. Es ist von einem Fischerhafen geprägt, der von einer Insel und mehreren Steinmauern geschützt wird. Bereits seit dem Mittelalter wohnen hier Fischer. Heute holen sie zum Beispiel die lokalen Spezialitäten Entenmuscheln und Oktopus aus dem Meer. Genauso lange kommen auch schon Pilger auf dem Jakobsweg durch das Örtchen. Tapia hat also Jahrhunderte lange Erfahrung in Sachen Gastfreundschaft. Mit dem neuen Hafen, der Ende des 19. Jahrhunderts gebaut wurde, wurde mehr exportiert und der Handel gewann dadurch an Bedeutung für den Ort. Direkt an die Stadt grenzt ein Sandstrand an. Ebenfalls besonders interessant ist das Salzwasserschwimmbecken. Hier kann man gefahrlos und ohne Wellen von Steinmauern umgeben im Meerwasser baden. Bei unserem Besuch ist allerdings der Zulauf verschlossen und das Becken somit leer. Algen auf seinem Boden verströmen einen modrigen Geruch. Wir schlendern ein bisschen durch sie Altstadt und gönnen uns einen Kaffee am Hafen.

Anschließend fahren wir zum Playa de Mexota, um dort eine Mittagspause zu machen. Beim Brotzeiten nieselt es leicht und wir können uns leider nur vorstellen, wie schön dieser Strand bei Sonnenschein sein muss. Spitze, lang gezogene Felsen verbinden Sand und Wasser. Er liegt etwas abgelegen und ist nur über einen unbefestigten Weg zu erreichen.

Shallow Water Soloing? Bouldern mit den Wellen im Nacken

Stellplatz der Gemeinde in Tapia de Casariego
Von der N-634 nach Tapia de Casariego abbiegen. Auf der Hauptstraße bleiben bis zur Avenida San Esteban, hier bei den Schildern »Aparcamiento público/Autocaravanas« abbiegen.
N 43°33'59.3" W 6°56'46.1"
Er befindet sich gleich am Strand, der Ortskern ist zu Fuß zu erreichen. Die Nacht kostet 4 Euro. Es gibt Frischwasser und Entsorgungsmöglichkeiten sowie Müllcontainer.

Parkplatz am Playa de Mexota
Von der N-634 auf die TC-3 Richtung Villamil abbiegen. Der Straße folgen und durch den Ort fahren, bis rechts die Felder beginnen. Nach einem kurzen Stück bei Kilometer 1 rechts in den Feldweg Richtung Meer abbiegen.
N 43°33'23.4" W 6°58'50.9"
Wenige Parkplätze sind hier über einen Feldweg zu erreichen. Eventuell sollte man sich das vorher ansehen. Die Zufahrt ist holprig und mit größeren Steinen gespickt. Bei oder nach viel Regen ist der Platz nicht zu empfehlen.

Auf unserer Liste für dieses Küstenstück standen noch einige andere schöne Strände, darunter der von Peñarronda, der nur ein paar Minuten hinter dem Playa de Mexota liegt. Er ist bei Surfern beliebt und es gibt auch einen Campingplatz. Der Strand liegt ebenfalls etwas abseits von den nächsten Siedlungen, ist über eine befestigte Straße aber besser zu erreichen als der Playa de Mexota. Leider gönnt das Wetter uns keinen einzigen Sonnenstrahl. Als wir auf dem Parkplatz über dem Playa de Peñarronda aussteigen, hat sich zum Regen auch noch ein stürmischer Wind gesellt, der uns ganz schnell wieder ins trockene Auto und damit auf die Straße treibt.

Parkplatz am Playa de Peñarronda
Der TC-3 nach Santa Gadea folgen.
Im Ort links zum Strand abbiegen und bis zur Kapelle auf der rechten Seite fahren.
N 43°33'12.7" W 6°59'30.5"
Dieser ebene Parkplatz befindet sich etwas oberhalb am östlichen Strandende. Es gibt Picknicktische, Frischwasser und man hat eine schöne Sicht über den Strand. Toiletten, Duschen und Müllcontainer findet man unten am Strand. Direkt hinter dem Strand gibt es noch einen größeren Parkplatz.

Oben: Der Hafen von Tapia de Casariego
Unten: Der Playa de Mexota liegt abgelegen hinter Feldern.

Start- und Endpunkt
Vom Praia do Esteiro bis Valdoviño

Streckenlänge
220 km

Fahrzeit
4 Std.

Nicht verpassen
Der Blick auf den Praia do Esteiro, zuerst durch den Pinienwald und dann durch die Dünen hindurch

TOUR 6

DER NORDOSTEN GALICIENS

Der *Nordosten* Galiciens

IM LAND DER MALERISCHEN RÍAS

Galicien hat bei mir einen guten Ruf, den es zu bestätigen gilt. Einmal habe ich in Lissabon die Bekanntschaft von zwei Galiciern gemacht, die in den höchsten Tönen von ihrer Heimat geschwärmt haben. Laut ihnen gebe es hier die allerschönsten Strände Spaniens. Diese Information hat sich in meine Erinnerungen eingebrannt und seitdem warte ich auf die Gelegenheit, diese Region zu entdecken. Auch während unserer bisherigen Reise wurde uns immer wieder erzählt, dass in Galicien viel weniger los ist als im Osten der spanischen Atlantikküste. Ist ja auch ganz klar: Wer aus dem Ausland mit dem Auto nach Spanien kommt, hat es bis ganz in den Nordwesten natürlich besonders weit – Portugiesen einmal ausgenommen.

Bei wildem Regen und grausigem Wind überqueren wir den Fluss Eo und damit die Grenze zwischen Asturien und Galicien. Wir lassen den für seine Felsformationen bekannten Praia das Catedrais aus, weil uns das Wetter zu ungemütlich ist. Merke: Im Nordwesten von Spanien wird neben Spanisch auch Galicisch gesprochen. Es ist eng mit dem Portugiesischen verwandt. Deshalb heißen die Strände ab hier nun auch Praia und nicht mehr Playa. Wer den Praia das Catedrais besuchen möchte, sollte wissen, dass er so beliebt ist, dass in der Hochsaison nur eine bestimmte Anzahl von Besuchern pro Tag zugelassen ist. Das trifft auf die Osterwoche »Semana Santa« sowie auf die Monate Juli, August und September zu. Bis zu anderthalb Monate vor seinem Besuch kann man sein Ticket online reservieren. Am Tag des Besuchs sollte man sich außerdem noch über die Gezeiten informieren. Am besten ist die Zeit um Niedrigwasser herum, also die zwei Stunden je davor und danach. Bei Hochwasser ist der komplette Strand überschwemmt.

An den Rías warten sanfte Strände wie der Praia de Vilarrube.

Informationen zum
Praia das Catedrais und Buchung
https://ascatedrais.xunta.gal
informacion-ascatedrais@xunta.gal

Unser erstes Ziel in dieser Autonomen Gemeinschaft Spaniens ist der Praia do Esteiro. Er liegt im Westen einer Landzunge, die weit ins Meer hinausragt. Die Spitze an ihrem Ende ist der nördlichste Punkt Spaniens. Von dem Pinienwald, in dem wir parken, führen hölzerne Stege durch Dünen an einen wunderschönen und naturbelassenen Strand. Auch dieser ist wieder von dekorativen Klippen und Felsen eingeschlossen. Der an sich feine Sand ist bei unserem Besuch vom Regen fest gepresst. Hier kann es gute Wellen zum Surfen geben. Bei uns sind sie gar nicht so schlecht und wir sind allein im Wasser. Das liegt wohl unter anderem daran, dass das Wasser auch von oben kommt. Nach dem Surfen gibt es trotz Nebensaison sogar eine kalte Dusche am hinteren Teil der Bar am Parkplatz. Wir haben außerdem das Glück, dass die Männertoilette offen ist, da das Schloss sich anscheinend nicht mehr abschließen lässt. Schon früh am Abend ziehen wir uns ins Auto zurück, denn es regnet unablässig. Zum Aufwärmen kochen wir einen für Spanien typischen Eintopf aus Bohnen, Linsen und Chorizo.

Oben: Bohlenweg zum Praia do Esteiro
Unten: Mit dem Boot fährt wohl niemand mehr raus.

Parkplatz am Praia do Esteiro
Die AC-862 in Porto do Barqueiro Richtung Bares verlassen und dann immer der Straße folgen.
N 43°44‘52.0“ W 7°43‘23.3“
Der schönere Teil des Parkplatzes ganz am Ende des Strandes hat eine Höhenbegrenzung. Weiter vorne kann man am Wegrand parken oder hinter dem Chiringuito auf ebener, asphaltierter Fläche. Während der Strandsaison (und vielleicht auch darüber hinaus) gibt es Toiletten am Chiringuito. Die Duschen sind von außen zugänglich. Müllcontainer, Picknicktische und Grillplätze vorhanden.

Verlassenes Galicien

Hinter dem Strand zeigen mehrere Wegweiser Wanderungen an. Eine führt zur »mejor banco del mundo« – zur besten Bank der Welt. Nur vier Kilometer ist sie von uns entfernt. Das kann man sich ja gar nicht entgehen lassen. Der Küstenweg ist schön, das Ziel ist … eine Holzbank mit zugegebenermaßen schönem Blick. Wir tendieren aber doch dazu, ihren Titel als Übertreibung zu werten. Aber das kann natürlich auch am nicht optimalen Wetter liegen. Ein schmaler Weg führt steil hinab auf Höhe des Meeres. Hier stehen zwei kleine Steinhütten. Wir nehmen an, dass sie von Fischern genutzt werden, weil dort Netze und andere Hilfsmittel gelagert sind. Ob hierher aber wirklich noch jemand kommt? Dagegen sprechen das morsche Boot, das mit einem alten Netz geschmückt vor den Hütten

liegt. Ebenfalls dagegen sprechen die Statistiken. In Galicien sind derzeit über 2000 Dörfer verlassen. In noch einmal so vielen leben nur noch eine oder zwei Personen. Die Küstenregion, in der wir uns gerade befinden, ist von der Landflucht neben anderen besonders betroffen. Dass es hier so viele leere Dörfer gibt, liegt aber auch daran, dass es in Galicien wesentlich mehr Bevölkerungseinheiten gibt als im Rest von Spanien. Die Einwohner verteilen sich auf mehr Fläche und somit sind die Dörfer kleiner.

Küstenweg zur besten Bank der Welt
Einstieg: N 43°44'50.6" W 7°43'23.8"

Oben: Eintopf heißt auf Spanisch unter anderem »potaje« oder »cocido«.
Unten: Aussicht von der besten Bank der Welt

Spanischer Eintopf

Wenn es draußen kalt und nass ist, wärmt ein heißer Eintopf von innen. In Spanien gibt es viele Variationen mit Hülsenfrüchten und Fleisch oder Würsten. Natürlich ist auch eine vegetarische Version möglich. Bei den Zutaten kann man seiner Fantasie sowieso freien Lauf lassen – anschließend ein paar Vorschläge. Uns schmeckt der Eintopf mit Chorizo, Kartoffeln und weißen Bohnen.

Zutaten

Hülsenfrüchte: Bohnen, Linsen, Kichererbsen
Fleisch: frische Chorizo, Rippchen (costillas), Schweinespeck (panceta), Blutwurst (morcilla)
Gemüse: Karotten, Paprika, Kartoffeln, Blumenkohl
Flüssigkeit: passierte Tomaten, Bier, Brühe, Weißwein
Zwiebeln, Knoblauch, Olivenöl, Salz und Pfeffer, eventuell Paprikapulver

Zubereitung

1. Wer trockene Hülsenfrüchte gekauft hat, muss diese über Nacht einweichen. Das geht beim Camping am besten in einer verschließbaren Dose oder auch in einem großen leeren Glas.
2. In einem Topf klein geschnittene Zwiebeln und Knoblauch in Olivenöl anbraten.
3. Anschließend das Fleisch oder die Wurst in mundgerechten Stücken dazugeben und leicht bräunen lassen.
4. Auch das Gemüse in Stücke schneiden, kurz anbraten und dann mit der bevorzugten Flüssigkeit aufgießen. Würzen und köcheln lassen, bis alles durch ist.

Von Ría zu Ría

Die Landschaft hat sich seit Asturien wieder verändert. Wo die Küstenlinie weiter im Osten noch recht geradlinig war, ist sie hier tief zerklüftet. Sie ist geprägt von den breiten Rías, den Flussmündungen, an denen man gar nicht so genau sagen kann, wo der Fluss aufhört und das Meer anfängt. Nicht umsonst werden sie häufig mit Fjorden verglichen. Bei Hochwasser können sie komplett mit Wasser gefüllt sein und bei Ebbe einen langen Strand freigeben. Hier befinden wir uns in den »Rías Altas«, den »Oberen Rías«. Sie sind das Pendant zu den unteren »Rías Baixas« an der Westküste Galiciens. Der Übergang der Landschaften ist sanft. Noch sehen wir täglich die lieb gewonnenen Steilküsten und Felswände, die auch hier die Küste bestimmen. In Richtung Rías Baixas wird der Übergang von Land zu Meer dann langsam etwas flacher.

Die Rías sind auch dafür verantwortlich, dass uns die Strecken hier weiter vorkommen. Was auf der Karte noch recht nah aussieht, kann gut und gerne viel länger dauern als erwartet, wenn wir eine Ría umfahren müssen. Auch die Küstenautobahn A-8, die uns die ganze Zeit seit dem Baskenland begleitet hat, und immer zur Stelle war, wenn es mal etwas schneller gehen sollte, hat sich kurz hinter der galicischen Grenze vom Meer und damit auch von uns getrennt. Aus dem Fenster sehen wir immer wieder etwas, das ein wenig wie kleine steinerne Häuser auf Stelzen aussieht. Sie stehen überall – auf Feldern, neben Häusern, mitten in Dörfern. Das ist die traditionelle galicische Form der »Hórreos«, der Speicher, die wir schon aus Kantabrien und Asturien kennen. Hier im Nordwesten sind sie eher kleiner und haben einen rechteckigen Grundriss. Da es in Galicien viel regnet, muss die Ernte wegen der hohen Luftfeuchtigkeit hier besonders gut durchlüftet sein – daher die vielen kleinen Schlitze.

Eine Nacht verbringen wir am Praia de Fornos an der Ría de Ortigueira y Ladrido, an dem wir das erste Mal seit Langem keine Wellen sehen. Er ist nach Osten ausgerichtet und wird von der Landzunge im Norden abgeschirmt. Auch schlafen wir hier das erste Mal fast direkt am Wasser und nicht auf einer Klippe darüber. Mit der fortschreitenden Dunkelheit gehen am anderen Ufer der Ría immer mehr Lichter an. Es ist auch das erste Mal, dass wir über das Meer hinweg Zeichen der Zivilisation sehen. Sonst war da immer nur die Weite des Ozeans. Darum – und vielleicht auch, weil direkt hinter uns eine Schrebergartenkolonie einen Hang bedeckt, fühlen wir uns weniger in der Natur als viele Nächte zuvor.

Oben: Das Süßwasser mündet immer ins Salzwasser.
Unten: Am Praia de Fornos kann man fast direkt vom Auto ins Meer hüpfen.

53

Migas

Wer in einem Wörterbuch nachschaut, findet schnell heraus, dass »Migas« einfach nur »Krümel« oder »Brösel« bedeutet. Gemeint sind damit die trockenen Reste eines alten Brotes. Was früher ein bescheidenes Essen zum Beispiel von Hirten war, ist heute in ganz Spanien als bodenständiges Gericht beliebt.

Zutaten

trockenes Brot, Knoblauch, Olivenöl, Paprikagewürz, Salz, Ei, grüne lange oder rote Paprikaschoten, Chorizo fresco oder Bauchspeck

Zubereitung

1. Grob zerbröseltes, trockenes Brot wird mit Wasser ein bisschen angefeuchtet. Aufpassen, dass es nicht komplett durchtränkt ist. Dann kurz stehen lassen.
2. Olivenöl in einer Pfanne erhitzen. Dabei nicht sparen. Ganze Knoblauchzehen und das Fleisch in mundgerechten Stücken anbraten.
3. Dann das Brot hinzufügen. Mit Salz und Paprikapulver würzen. 15 Minuten bei mittlerer Hitze braten, bis das Brot alle Feuchtigkeit verloren hat. Dabei ständig umrühren.
4. Mit gebratenen Paprika und einem Spiegelei garnieren.

Tipp

In ganz Spanien gibt es unterschiedliche Varianten der Migas. Manchmal bekommt das Gericht zum Beispiel durch Orangenscheiben oder Rosinen noch eine süße Note.

Parkplatz am Praia de Fornos

Auf der DP-6121 Richtung Cariño fahren. Vor dem Stadtzentrum rechts auf die CP-6115 abbiegen, der Strand ist ausgeschildert. Hinter dem Örtchen Figueiroa an einer Gabelung nach links auf die CP-6116 und dieser bis an ihr Ende folgen. Auf der asphaltierten Straße bleiben und nicht auf die Schotterstraße in die Schrebergartenkolonie abbiegen.
N 43°42'46.0" W 7°51'15.2"
Toiletten waren bei uns auch außerhalb der Strandsaison geöffnet, wurden aber offensichtlich nicht mehr geputzt, Müllcontainer vorhanden. Ein Schild informiert, dass Campen, Stühle und Tische rausstellen sowie Markisen zwischen 12 und 21 Uhr verboten sind.

Oben: So lecker waren Brösel noch nie.
Unten: In Cariño kann es auch mal eng werden.

Leuchtturm-Romantik

Am nächsten Morgen fahren wir in den schönen Ort Cariño – was auf Spanisch passenderweise »Liebling« oder auch »Zuneigung« bedeutet. Hier sind die bunten Häuser bis an die Klippen am Meer gebaut. So einen Ort kann man doch leicht lieb gewinnen. Cariño liegt auf der Landzunge, auf der sich auch die Bergkette Serra da Capelada erhebt. Diese ist bekannt für ihre wilden Bewohner: Pferde und Kühe laufen hier frei herum und stehen ab und zu auch mal auf der Straße. Wir durchqueren den Ort auf dem Weg zum Cabo Ortegal. Das Kap trennt das Kantabrische Meer vom Atlantischen Ozean. Hier ist die Steilküste besonders hoch. Mehr als 600 Meter erheben sich die Klippen im Südwesten des Kaps aus dem Meer. Besonders fotogen wird dieser Ort auch durch den rot-weißen Leuchtturm. Die spitzen Felsen, die aus dem Meer herausragen, tragen den Namen Aguillóns. An ihnen wachsen die berühmten Entenmuscheln, eine Spezialität der Region. Sie fühlen sich in dem kühlen Wasser, dessen Wellen unablässig an die Felsen schlagen, wohl. Eigentlich sind diese Tiere entgegen ihrem Namen auch gar keine Muscheln, sondern Krebse. Zum Sammeln dieser Delikatesse gehört viel Geschick und eine ordentliche Portion Mut, denn es ist nicht ganz ungefährlich. Für den ein oder anderen Urlauber gehört wohl auch zum Essen eine Portion Mut. Wenn die Entenmuschel auf dem Teller liegt, besteht sie aus zwei Schalenteilen: dem schwarz-weißen Kopf und einem länglichen Körper. Diese längliche Schale zieht man mit leichtem Drehen ab. Das Fleisch, das dadurch freigelegt wird, beißt man nah am Kopf ab. Wer ganz unerschrocken ist, kann nun noch die schwarz-weiße Schale aufbrechen und das Innere essen – das mögen aber selbst viele Spanier nicht.

Folgende Doppelseite: Auf diesem Parkplatz über dem Praia de Pantín sehen Surfer gut, wann es sich lohnt, ins Wasser zu gehen.
Oben: Zugegeben, Entenmuscheln sind nicht gerade die Ansehnlichsten
Unten: Straße zum Cabo Ortegal

Wer die hohen Steilklippen noch von oben sehen will, fährt von Cariño nach Westen zum Aussichtspunkt Miradoiro Vixía Herbeira.

Parkplatz am Cabo Ortegal
Ab dem Stadteingang von Cariño, wo man links abbiegt, ist der Weg zum Kap durchgehend ausgeschildert.
N 43°46'13.0" W 7°52'09.7"
Das Kap ist kaum geschützt, deshalb kann es ganz schön windig werden. Auf dem hinteren Parkplatz kann man sich mit seinem Auto an eine Steinmauer schmiegen.

Parkplatz am Aussichtspunkt Vixía Herbeira
Auch diesen Punkt fährt man am besten von Cariño über die ausgebauten Straßen an. Dafür biegt man, noch vor dem südlichen Stadtrand, auf die DP-2205 ab. Die »miradores da Capelada« sind ausgeschildert.
N 43°43'23.7" W 7°56'43.9"
Auch dieser Platz ist ungeschützt und man ist dem Wind ausgeliefert. Diesen Umstand nutzen die zahlreichen Windräder, die hier oben stehen. Auf dem Bergrücken gibt es noch zahlreiche andere Aussichtspunkte mit Parkbuchten. Sie sind gut ausgeschildert.

Auf die bergige Landschaft der Serra da Capelada folgt die idyllische und sanfte Ría de Cedeira. Von den Aussichtspunkten der Capelada gelangt man über eine schmale und kurvige Straße mit schönen Blicken hierher.

Dafür bleibt man einfach auf der asphaltierten DP-2205 bis zur T-Kreuzung, an der es geradeaus nach Santo Andrés de Teixido geht. Hier biegt man links Richtung Cedeira ab und gelangt über mehrere kleine Siedlungen wieder hinab auf Meereshöhe. Wir umfahren die Bucht noch ein Stück bis zum zweiten großen Strand der Ría. Am Praia de Vilarrube kann man bei Niedrigwasser sehen, wie der Río das Mestas durch den Sand seinen Weg ins Meer findet. Dann ist der Sandstrand in der Ría und damit die Strecke ins Meer besonders lang. Hier parken wir das Auto hinter dem Vorhang einer Trauerweide, machen eine Kaffeepause und einen Spaziergang durch die Dünen. Am Parkplatz merkt man gleich, dass sich dieser Strand zum Surfen eignet, denn es stehen mehrere Camper zwischen den Bäumen.

Parkplatz am Praia de Vilarrube
Zu diesem schönen Parkplatz gelangt man, wenn man von der AC-566 steil rechts abbiegt, dem Schild zum Strand folgend.
N 43°38'18.8" W 8°04'20.5"

Surfhochburg von Galicien

Als Nächstes fahren wir den Praia de Pantín an. Das Wetter ist weiterhin nicht so gut, aber als wir ankommen, erwischen wir ein kurzes Sonnenfenster. Sofort machen wir Kaffee und genießen die wärmenden Strahlen mit Blick auf den Strand. Sogar ein kurzer Spaziergang zu dem Kap nördlich vom Parkplatz ist noch drin. Ein kurzes Stück könnte man dort bei trockenem Wetter auch mit dem Reisemobil hinfahren. Wir bleiben bei dem aktuellen Wetter aber lieber auf dem sicheren Asphalt-Parkplatz stehen. Außerdem hat man von dort die Wellen gut im Blick. Als es bald darauf doch wieder zu regnen anfängt, bleibt uns fast nichts anderes übrig, als dem Wetter zu trotzen, indem wir uns beim Surfen freiwillig nass machen. Auch hier laufen die Duschen trotz Nebensaison noch. Als wir aus dem Wasser kommen, hat uns Mathias eingeholt. Wir kennen ihn aus den Karawanen-Zeiten in Asturien. Er steht mit seinem Mercedes neben uns auf dem Parkplatz – für uns eine willkommene Ablenkung bei den regenbedingten langen Abenden im Auto. Bei ihm können wir sogar gemütlich sitzen und auf einem Tisch statt auf dem Bett Spiele spielen.

Ende August oder Anfang September macht es Sinn, den Praia de Pantín zu besuchen, obwohl es sehr voll ist. In diesem Zeitraum findet jedes Jahr der Surfwettbewerb Galicia Surf Pro – früher bekannt als Pantín Classic – statt, zu dem internationale Profis an den galicischen Strand kommen.

Und auch der nächste Tag gönnt uns nichts. Nach dem Frühstück im Auto müssen wir im Regen zusammenpacken. Kräftige Windstöße erschweren uns die Arbeit. Auf dem Autodach komme ich mir beim Festzurren der Surfbretter vor wie ein Seemann auf Deck bei einem Sturm. Der Regen peitscht mir immer wieder ins Gesicht und ich muss die Bretter durchgehend festhalten, damit sie nicht davon geweht werden.

Parkplatz am Praia de Pantín
Parkplatz auf der westlichen Seite des Strandes mit schönem Blick auf Strand und Meer
N 43°38'16.2" W 8°07'10.1"
Müllcontainer gibt es am Parkplatz, Duschen am Strand. Die Toiletten sind während der Strandsaison geöffnet.

Klippe westlich vom Praia de Pantín
Vom westlichen Strandparkplatz auf der Straße bis vor zum Kap fahren und in der Kurve in den unbefestigten Weg einbiegen.
N 43°38'29.5" W 8°07'19.0"

Eine Stadt – drei Strände

Gleich nebenan bei der Stadt Valdoviño liegt der nächste große Strand. Aufgrund seiner gebogenen Ausrichtung eignet es sich für alle Surfer gut, denn oft kommen an den drei Abschnitten des Strandes je kleine, mittlere und große Wellen an. Immer noch regnet es durchgehend, also beschließen wir, Tapas essen zu gehen, um unsere Stimmung aufzubessern. In der Porta do Sol gibt es solide spanische Küche. Passenderweise hat das Lokal die Sonne, die wir so sehr vermissen, im Namen. Die Speisekarte besteht aus einer Seite, auf der alle Tapas stehen, die sie anbieten. Die Kellnerin kommt und zählt auf, was es nicht mehr gibt und was nicht auf der Karte steht. Wir bestellen alles einmal: knusprige, hausgemachte Kroketten, zartes Kalbfleisch und Tintenfisch auf drei Arten. Gut, dass wir mit Mathias in unserer Runde zu dritt sind. So schaffen wir auch wirklich alle der kleinen Gerichte. Wir fliehen anschließend weiter in der Hoffnung auf besseres Wetter. Später erzählt uns Mathias, dass er noch einmal zum Strand geschaut hat und trotz Wind und Regen mehrere Surfer im Wasser gesehen hat. Die Bedingungen waren so gut, dass er sich gleich dazugesellt hat. Für Surfer ist schlechtes Wetter zum Glück gar nicht immer

Oben: Regenbogen am Strand von Valdoviño
Unten: Die Hälfte des Tages führen die weißen Stufen ins Wasser.

schlechtes Wetter. Im Line-Up ist weniger los und man bildet mit den anderen Surfern eine Art Schicksalsgemeinschaft, in der man sich mehr gönnt.

Bar Porta do Sol
Avenida Porta do Sol 4, 15552 Valdoviño
Tel. 0034/981/48 71 90

Im Wasser zum Wasser

Im strömenden Regen fahren wir ans westliche Ende des Strandes von Valdoviño. Hier steht die Kapelle Eremita Virxe do Porto auf einem Felsen direkt an der Küste. Bei Hochwasser ist sie durch das Meer vom Festland abgeschnitten. Nur bei Niedrigwasser erreicht man trockenen Fußes die Steinstufen, die zu ihr hinaufführen. Hierher gelangt man, wenn man den Schildern zum Leuchtturm (Faro) folgt, aber vorher links abbiegt. Neben der Aquakulturfarm kann man parken. Obwohl wir schon nach fünf Minuten unter freiem Himmel komplett durchnässt sind, sind wir hier nicht die einzigen. Zwei junge Spanier trotzen dem Regen und machen sich mit Angeln und Eimern auf den Weg zur Felsküste.

Und was kann man bei so einem Wetter sonst noch Schönes machen? Eine Wanderung zu einem Wasserfall klingt gut. Wir fahren nach Süden ins Dorf O Roxal. Auf einem kleinen Parkplatz zwängen wir uns von der Fahrerkabine nach hinten, um uns gegen den Regen zu wappnen. Mit wasserfesten Stiefeln, Regenhose und einer ebensolchen Jacke folgen wir dem Weg nach Süden. Er führt uns am Fluss Belelle entlang durch einen Wald bis zu einem Wasserkraftwerk. Dahinter beginnt nach der Brücke über den Fluss ein Pfad, der uns zum Wasserfall bringt. Bei unseren nassen Verhältnissen ist Vorsicht geboten: Die Steine und Erde am Boden sind sehr rutschig. Auf dem rechten Weg am Hang empor gelangt man zu einem Aussichtspunkt (miradoiro). Diese Wanderung hat uns Mathias empfohlen, der sie schon einmal im Sommer unternommen hat. Bei schönstem Wetter lohnt es sich, auch Badesachen mitzunehmen, um sich im kühlen Wasser zu erfrischen.

Eremita Virxe do Porto
N 43°36'42.6" W 8°11'32.8"

Wanderparkplatz in O Roxal
Von der Hauptstraße AC-121 abbiegen Richtung »Fervenza do Río Belelle«.
N 43°29'35.3" W 8°07'24.7"

Wir müssten uns zum Duschen nicht mal unter den Wasserfall stellen.

Start- und Endpunkt
Von Lires bis Ourense

Streckenlänge
mit Autobahn 320 km, ohne Autobahn 300 km

Fahrzeit
mit Autobahn 5 Std., ohne Autobahn 5 3/4 Std.

Nicht verpassen
Von einem Kap – es muss nicht unbedingt Fisterra sein – über den Atlantik schauen und sich vorstellen, hier wäre das Ende der Welt

Galiciens *Westküste*

VON DER TODESKÜSTE ZUM ENDE DER ERDE UND ZURÜCK

Der Strand von Nemiña liegt an der Todesküste, der »Costa da Morte« – das klingt erst mal nicht so einladend. Der Name hängt damit zusammen, dass die Bedingungen hier im Meer für die Seefahrt sehr schwierig sind und in der Geschichte der Küste viele Schiffe gesunken sind. Im 18. Jahrhundert gingen Schiffe der britischen Marine mit Hunderten Mann Besatzung unter. Auch im folgenden Jahrhundert sanken noch Schiffe aller möglicher Nationen. Das letzte große Unglück geschah im Jahr 2002, als der Öltanker Prestige Leck schlug und seine Fracht ins Meer vergoß. Er brach an einem Riss entzwei und sank vor der Todesküste – eine Umweltkasastrophe, die noch heute Auswirkungen auf die Natur hat. So gibt es auch über 15 Jahre nach dem Unglück noch Steine, die mit einer schwarzen Ölschicht überzogen sind. Allerdings haben sich zum Beispiel die Muschelpopulationen an der Küste wieder gut erholt. Vor allem auch die Entenmuschel, eine Spezialität der Region, konnte sich ihren Lebensraum zurückerobern. Wir sind zum Glück auf dem Landweg unterwegs und müssen uns keine Sorgen wegen gefährlicher Strömungen machen. Unsere bangen Gedanken haben eher mit dem Wetter zu tun.

Weil das Wetter im Norden Galiciens nicht besser werden soll, setzen wir unsere Hoffnungen in den Süden – zumindest in unserer Vorstellung ist es da ja meist besser – und fahren eines abends noch in der Dunkelheit ein paar Stunden weiter an die Westküste. Beim Praia de Nemiña bildet der Fluss Lires mal wieder eine Ría. Deshalb heißt das südliche Stück des Strandes auch Praia de Lires. Steht das Wasser hoch, schieben die Wellen das Meer weit in die Flussmündung hinein. Wir umfahren das Wasser an der Südseite und kommen so zu einem kleinen Parkplatz, der in der Nebensaison höchstens noch von Hundebesitzern und Anglern benutzt wird. Am Strand lässt es sich gut surfen und auch in der Hauptsaison soll hier nicht so viel los sein. Richtung Süden laden Fußwege zu einem Spaziergang entlang der felsigen Küste ein.

Der weitläufig Praia de Lires eignet sich gut zum Spazieren.

Parkplatz am Praia de Lires
Durch die Gemeinde Lires und am südlichen Ufer des Flusses zum Meer fahren.
N 43°00‘02.0“ W 9°15‘30.7“
Der Platz liegt schön auf einer Anhöhe über dem Strand, ist allerdings ziemlich schief. Frischwasser gibt es auf einem kleinen Platz gegenüber der Kirche, wenn man vom Meer in die Gemeinde Lires fährt (N 42°59‘49.2“ W 9°14‘49.2“).

Am Rand der Welt

Am nächsten Morgen passiert das Unerwartete, aber Erhoffte: Die Wolken reißen auf und wir bekommen ein paar Sonnenstrahlen ab. Das ist genau das richtige Wetter für einen Besuch am Ende der Erde. Das Kap, das auf Spanisch Finisterre und auf Galicisch Fisterra heißt, ist als symbolisches Ende der Welt ein beliebtes Ausflugsziel bei Einheimischen und Ausländern. Tatsächlich ist es aber nicht mal der westlichste Punkt der iberischen Halbinsel. Dieser liegt in Portugal in der Nähe von Lissabon. Und selbst das Cabo Touriñán ein Stück weiter nördlich von Fisterra reckt seine Landzunge noch ein wenig weiter in den Westen. Auch wenn es schon viele Jahrhunderte her ist, dass diesen Ort wirklich jemand für das Ende der Welt gehalten hat, ist seine Anziehungskraft trotzdem ungebrochen.

Auf dem Kap thront ein Leuchtturm, der nicht sofort als solcher zu erkennen ist, denn er ist kein Turm im eigentlichen Sinn. Vielmehr sieht er aus, als hätte man einem Gebäude die Spitze eines Leuchtturms aufs Dach gesetzt. Den Turm erkennt man erst von hinten. Viele Pilger verlängern den Jakobsweg von Santiago de Compostela hierher. Ihre letzten Schritte werden von der melancholischen Musik eines Dudelsackspielers begleitet. Moment mal – Dudelsack? Wir sind hier doch nicht in Schottland, mag der ein oder andere nun denken. Aber auch in Galicien ist der Dudelsack, genannt »Gaita«, ein traditionelles Instrument. Bei Pilgern ist es zum Brauch geworden, am Ende der Erde etwas von ihrer Reise zurückzulassen. Früher warfen die Wanderer deshalb hier ihre Stiefel ins Meer oder verbrannten ihre Wanderkleidung. Heute beschränkt sich das Ritual auf Sticker und andere Kleinigkeiten, die die Pilger an einen Mast kleben oder festbinden. Mit dabei ist immer die Jakobsmuschel, die die meisten Pilger am Rucksack tragen. Ein letztes Mal markiert das Erkennungszeichen des Jakobswegs hier die Strecke. Das ist vielleicht der richtige Moment, um sich eine Frage zu stellen: Was hat es mit der großen weißen Muschel eigentlich auf sich? Ganz genau geklärt ist das nicht. Sicher ist, dass Pilger sie schon im Mittelalter trugen. Früher war sie auch eine Art Beweis für den Abschluss des Jakobswegs. Pilger kauften sie an ihrem Ziel.

Vielleicht ist das Ende der Erde ja von dort oben zu sehen?

ULTRAS
KETTEN FETT
OCHO
MAJOR TREAT
COETE
ALJAMA
ACEPTAMOS
Dash
BOOM
REF

VT

Natürlich gibt es auch eine Sage, die den Ursprung des Pilgersymbols erklärt. Als der Leichnam des Apostels Jakobus – der, nach dem der Pilgerweg benannt wurde – in einem Schiff an die spanische Küste gebracht wurde, soll ein junger Mann ins Meer gestürzt sein. Jakobus konnte ihn retten, obwohl er dazu augenscheinlich nicht mehr imstande war. Als der Mann aus dem Wasser kam, hatten sich lauter Muscheln an ihm festgesetzt. Dies führte dazu, dass die Muschel als Schutzsymbol verstanden wird.

Hinter dem Leuchtturm am Kap erhebt sich ein Berg, der über eine schmale Straße befahrbar ist. Hier finden wir eine schöne Ecke zum Pausieren und genießen die Aussicht auf das Ende der Erde in Ruhe. Schon seit der Antike wird dieser Ort verehrt. Zuerst die Phönizier und anschließend auch die Römer sollen hier in der Nähe an einem dem Altar »Ara Solis« die Sonne angebetet haben. Jeden Abend verschwindet sie am westlichen Horizont und geht scheinbar im Meer unter.

An der östlichen Küste des Kaps liegt ein Städtchen, das ebenfalls Fisterra heißt. Das Leben dreht sich um den Hafen und um die pilgernden Touristen. Fisterra ist aber noch lang kein herausgeputzter Urlaubsort. Das macht einen Spaziergang durch seine Straßen interessant. Einige Häuser sind mit hübschen bunten Kacheln geschmückt, andere haben verschnörkelte Balkone. Dazwischen stehen ganze Gebäude leer, in denen scheinbar schon seit vielen Jahren niemand mehr gewohnt hat.

Oben: Am Masten findet man viele Hinweise auf die Nationalitäten der Pilger.
Unten: Nicht viel los in Fisterra

Parkbuchten auf dem Berg oberhalb vom Cabo Fisterra
Bevor man zum Hauptparkplatz am Leuchtturm von Fisterra kommt, geht es rechts ein Stück hinauf zu einem unbefestigten Parkplatz. Dahinter führt eine Straße den Hügel hinauf. Hier lohnt es sich, sich ein bisschen herumzuschauen und nach dem schönsten Ausblick zu suchen.
N 42°53'28.1" W 9°16'26.2"
Toiletten und Müllcontainer gibt es am Leuchtturm.

Die sanften Rías

Südlich vom Cabo Fisterra beginnen die Rías Baixas. Das sind die vier großen Meeresbuchten, die die Landschaft bis zur portugiesischen Grenze bestimmen. Hier begegnet uns die Natur viel zahmer als im Norden. Das Land geht sanft ins Meer über, das durch die großen Buchten geschützt an vielen Stellen ruhiger als in den Rías Altas ist. Und somit verlassen wir mit dem Ende der Erde auch die raue Costa da Morte wieder. Wir fahren entlang der Landstraße AC-550 die Küstenlinie ab nach Süden. Im glatten Meerwasser liegen kleine Boote. Drüben, auf der anderen Seite der Bucht, können wir noch einmal zum Cabo de Fisterra blicken. Links von uns erheben sich erst karge und dann bewaldete Bergzüge. Bald erreichen wir die Gemeinde Carnota, die gleich für zwei Superlative bekannt ist. Ihr Strand ist mit fast sieben Kilometern Länge der längste Galiciens. Bei Ebbe ist er außerdem besonders breit. Hinter seinen Dünen breitet sich eine Lagune aus, die einen Lebensraum für viele Pflanzen und Tiere bietet. Bei Flut füllen sich die Sandbecken zwischen den Steinen an der Flussmündung langsam mit klarem Wasser. Je voller sie werden, desto farbiger erscheinen sie und leuchten in Türkis bis Blau. Die zweite Berühmtheit im Ort ist der Hórreo. Der steinerne Speicher für die Ernte misst 35 Meter und gehört damit zu den längsten von Galicien.

Parkplatz Boca do Río am Praia de Carnota
Von der AC-550 nach »Boca do Río/ Capelán« abbiegen.
N 42°50'29.9" W 9°05'57.6"
Müllcontainer sind vorhanden, Duschen und Toiletten stehen während der Saison am Strand zur Verfügung.

Hórreo de Carnota
Die Straßen in dem kleinen Ort können sehr schmal sein. Gemütlich parken kann man am Plaza Galicia: N 42°49'21.5" W 9°05'21.7" Von dort sind es nur wenige Schritte zu Fuß zum Erntespeicher: N 42°49'21.7" W 9°05'25.9"

Am nordwestlichen Ende der Ría de Muros e Noia liegt der Monte Louro, der auf drei Seiten vom Meer umschlossen ist. Er lässt sich auf einem Weg innerhalb einer Stunde umrunden. Mit dem Auto kommt man bis zum Leuchtturm südlich des Berges. Hier setzen wir uns zum Brotzeiten zwischen die Steine und beobachten das Treiben der Angler, die sich rund um den Leuchtturm in Geduld üben. Nordwestlich des Monte Louro liegen zwei Strände, an denen es sich für Surfer lohnt, die Wellen anzuschauen, denn sie befinden sich noch vor der schützenden Ría. Sie sind von malerischen Dünen begrenzt und eignen sich auch gut für ein typisch spanisches Strandverhalten: entlang des Wassers auf- und ablaufen. Das lässt sich sogar an sehr kleinen Stränden beobachten, wo die Läufer immer hin- und hergehen. Nördlich davon kommen wir über eine schmale Straße zu einem kleinen ebenen Parkplatz an einem felsigeren Teil der Küste. Hier kann man etwas abseits der Landstraße nah am Meer stehen.

Parkplatz am Meer bei Louro
Der Parkplatz ist von der Straße nicht ausgeschildert. Auf der AC-550 von Norden kommend biegt man nach Kilometer 31 vor der Kurve rechts ab.
N 42°46'46.6" W 9°07'33.5"

Oben: Der Monte Louro erhebt sich direkt aus dem Wasser.
Unten: In den Rías mischen sich süßes Flusswasser und salziges Meerwasser.

Mejillones al Vino Blanco

Etwas, das ich an Spanien besonders liebe, sind die frischen Meeresfrüchte. Ein Netz Miesmuscheln bekommt man hier schon für erschwingliche zwei Euro. Und das beste ist: Sie sind einfach und schnell zuzubereiten. Nur die Vorbereitung dauert ein bisschen, ist mit vier Händen aber auch flott gemacht. Außerdem braucht man zum Kochen und Essen nur einen Topf – also muss man kaum etwas abspülen. Der Großteil der in Spanien verkauften Miesmuscheln wird in Galicien geerntet, wo sie vor der Küste gezüchtet werden.

Zutaten

ein Sack Miesmuscheln, Butter/Olivenöl, Zwiebel, Knoblauch, Petersilie und Lorbeerblätter, 200 ml Weißwein, Zitrone

Zubereitung

1. Muscheln, die kaputt sind oder komplett geöffnet, aussortieren. Anschließend putzen und in kaltem Wasser waschen: Mit den Fingern die Bärte, die aus den Muscheln herausschauen, rausziehen – eventuell hilft ein Messer (den Bart zwischen Daumen und Messer festhalten). Ist die Muschelschale dreckig, den Schmutz mit einem Messer abschaben.
2. Den Knoblauch schälen und einfach einmal mit dem Messer draufdrücken, damit er aufbricht. In einem Topf die klein geschnittene Zwiebel und den Knoblauch kurz in etwas Butter anschwitzen. Spanischer wäre es natürlich mit Olivenöl. Aber wir mögen auch Butter.
3. Nun die Miesmuscheln dazugeben und mit dem Weißwein aufgießen. Petersilie und Lorbeer dazugeben – ohne schmeckt es aber auch sehr lecker. Warten, bis der Wein kocht und dann mit einem Deckel schließen.
4. Nach fünf bis zehn Minuten sind die Muscheln fertig. Sie sollten sich geöffnet haben. Alle Muscheln, die noch geschlossen sind, bitte entsorgen. Nun noch mit Zitronensaft würzen. Vor dem Salzen probieren, das ist eventuell gar nicht nötig.

Tipp

Das Gericht direkt aus dem Topf essen und den leckeren Sud mit Weißbrot aufsaugen. Hat man seine erste Muschel gegessen, kann man deren Schale wie eine Zange benutzen und mit ihrer Hilfe alle weiteren Muscheln aus ihrer Schale herausholen.

Oben: Die Miesmuscheln kommen höchstwahrscheinlich aus den galicischen Zuchtstationen.
Unten: Standplatz direkt am Meer bei Louro

Wandernde Düne

Wieder eine Landzunge weiter, genau an der anderen Spitze der Ría, liegt das Naturschutzgebiet der Dunas de Corrubedo. In der weitläufigen Dünenlandschaft mit zwei Lagunen hinter einem langen Strand sind viele Wege für einen langen Spaziergang angelegt. Die meisten sind auch mit dem Fahrrad befahrbar. Wir freuen uns, dass es inzwischen nicht mehr so viel regnet, aber es ist sehr windig und immer noch ziemlich kalt. Schön anzusehen sind die Vegetation zwischen den Dünen und die vielen großen Steine, die den Strand strukturieren. Eine Besonderheit ist die große Wanderdüne, die über einen Kilometer lang ist. Zwischen zwei und drei Zentimeter pro Jahr bewegt sie sich. Ihr Treibstoff ist der Wind, der vom Meer kommt. Die zwei Lagunen sind mit unterschiedlichem Wasser gefüllt: die Lagoa de Vixán im Süden mit Süßwasser, die Lagoa de Carregal mit Salzwasser. Wer aufmerksam hinsieht, entdeckt hier viele verschiedene Vogelarten. Mit etwas mehr Glück als wir sieht man vielleicht sogar einen Otter oder einen Fuchs. Die Dünen sind auch ein Lebensraum für mehrere Arten von Orchideen, die die Landschaft mit ihren bunten Blüten färben. Die meisten von ihnen blühen zwischen April und Juni.

Parkplatz am Praia de Balieiros

Weil die Dunas de Corrubedo ein Naturschutzgebiet sind, parkt man über Nacht lieber am Praia de Balieiros. Man erreicht ihn, wenn man den Ort Corrubedo nach Norden verlässt. Anschließend führt ein unbefestigter Weg zum Parkplatz am Meer.
N 42° 35‘ 12.83“ W 9° 4‘ 26.86“

Sopa de Ajo

Gegen kaltes Wetter und vielleicht auch eine sich anbahnende Erkältung hilft eine Knoblauchsuppe. Außerdem kann man dabei gut trocken gewordenes Brot aufbrauchen.

Zutaten

mindestens 4 Knoblauchzehen, Olivenöl, Paprikagewürz, Salz und Pfeffer, 4 Tassen Brühe oder Wasser, eventuell einen Schuss Weißwein, eine Handvoll trockenes Brot, Ei

Zubereitung

1. In einem Topf das trockene Brot in Würfeln in Olivenöl anbraten, bis es leicht gebräunt ist. Anschließend den klein geschnittenen Knoblauch, Paprikagewürz und ein bisschen Salz hinzufügen und ein paar Minuten unter Rühren braten.
2. Zusammen mit der Brühe bei kleiner Flamme rund 15 Minuten köcheln lassen und noch mal würzen.

Tipp

Wer möchte, kann am Ende noch ein Ei hinzufügen und warten, bis das Eiweiß gestockt ist.

Oben: Knoblauchsuppe wirkt Wunder bei älte und Erkältungen.
Unten: Etwas grau, aber dafür ganz allein am Strand bei Corrubedo

Versöhnliche Quellen

Nach vielen Tagen bei immer mehr oder weniger schlechtem Wetter und mehr oder weniger Optimismus ist der Blick auf den Wetterbericht kein guter: Es soll auch die kommenden Tage immer weiter regnen. Wir haben das Gefühl, dass wir dem Wetter in Galicien lange genug eine Chance gegeben haben und wollen zum Abschluss noch ein versöhnliches Bad in den heißen Quellen von Ourense nehmen. Auf dem Weg dorthin verbringen wir noch eine Nacht an der größten Ría Spaniens. Sie trägt den Namen Arousa. Bei Boiro fahren wir von der AG-11 ab, weil es am Praia de Mañóns einen kostenlosen Stellplatz geben soll. Diese Information scheint uns nicht mehr ganz aktuell zu sein, als wir ankommen. Es gibt ein paar befestigte Parkplätze neben einem Wasserhahn, aber die Pflastersteine sind mit Gras zugewachsen. Hier war wohl schon länger keiner mehr. Wir stellen uns näher ans Wasser unter die Bäume. Beim Abendessen sehen wir von hier die Lichter der Orte auf der anderen Seite der Ría leuchten.

Stellplatz an der Ría de Arousa

Von der Avenida da Constitución in Boiro Richtung Praia de Mañóns auf die DP-1106 abbiegen. Der Straße geradeaus folgen, bis es rechts geht. Dann gleich die nächste links nehmen.
N 42°37‘57.9“ W 8°51‘10.4“
Es gibt Frischwasser und Müllcontainer.

Ourense liegt im Landesinneren. Durch die Stadt fließt der Fluss Miño, an dessen Ufer es mehrere heiße Quellen gibt. Die haben wohl schon den Römern gefallen. Denn diese gründeten die Stadt im 1. Jahrhundert. Am westlichen Stadtrand sind in einem Park mehrere öffentliche Becken angelegt. Zu den kostenlosen Badegelegenheiten gehören immer auch Duschen, Toiletten und Umkleidekabinen. Nachts wird alles abgeschlossen. Der nächste Parkplatz befindet sich bei den Becken Muiño da Veiga. Dieser ist allerdings etwas schwer zu finden, weil die Zufahrt von der Hauptstraße abbiegt, aber nicht ausgeschildert ist.

Auf der anderen Flussseite gibt es direkt am Ufer einen Parkplatz, der viel von Wohnmobilen genutzt wird. Über eine Brücke kommt man von dort in ein paar Minuten zu Fuß zu den Termas de Outariz. Zwischen diesen und denen von Muiño da Veiga liegt der Ourense Onsen, zu dem man Eintritt bezahlen muss. Es ist im japanischen Stil eingerichtet. Hier durchläuft man in einer bestimmten Reihenfolge mehrere Becken mit unterschiedlich warmem Wasser. Nach vielen kalten Tagen genießen wir das heiße Wasser in den Becken Muiño da Veiga direkt am Fluss. Zum Abkühlen zwischen den Badegängen, tunken

Oben: Schon fast verrückt: ein Strand ohne Steilküste
Unten: Nächtlicher Blick über die Ría Arousa

wir uns einmal in das kalte Flusswasser. Wir wechseln zwischen Becken mit angenehmen 36 Grad und dem heißesten, das um die 40 Grad hat. Sie sind aus Steinen gebaut und relativ flach. Man muss sich also schon fast richtig hinlegen, um den ganzen Körper einzutauchen. Zwischen den Steinen finde ich mehrere Stellen, an denen das heiße Wasser hervortritt. Wer es lieber etwas kälter mag, setzt sich in die Nähe der Rohre, aus denen das kalte Wasser zum Temperieren in die Becken fließt. Und das ist auch nötig, denn das Wasser kommt hier mit rund 70 Grad aus dem Boden. Nachmittags ist anfangs noch nicht viel los. Es ist unter der Woche und schön ruhig. Mit dem Fortschreiten des Tages kommen immer mehr Spanier, um das warme Wasser zu genießen – vermutlich nach der Arbeit. Sie kommen in Pärchen oder auch größeren Gruppen. Und mit ihnen kommt die angeregte Konversation. Während man sich in so mancher deutscher Sauna kaum traut, Hallo zu sagen, quatschen hier alle munter durcheinander. Wir lehnen uns einfach zurück und versuchen, ein paar Brocken Galicisch zu verstehen.

Parkplatz bei den Becken Muiño da Veiga
Von der Hauptstraße N-120 Richtung Fluss abbiegen bei N 42°21'14.5" W 7°54'34.5" und der Straße zum Parkplatz folgen.
N 42°21'08.6" W 7°54'35.4"
Mülleimer vorhanden, Toiletten und Duschen gibt es an den heißen Quellen.

Stellplatz bei den Becken von Outariz
N 42°20'54.3" W 7°54'43.6"
Mülleimer vorhanden, Toiletten und Duschen gibt es an den heißen Quellen.

Am nächsten Tag wollen wir eigentlich vom Parkplatz entlang des Flusses mit den Fahrrädern in die Stadt fahren. Doch es regnet schon wieder in Strömen. Und so geben wir uns dem Wetter geschlagen und wollen Galicien ein anderes Mal etwas früher im Jahr besuchen. Hier bleibt noch sehr viel zu entdecken.

Oben: Links: Auch hier stehen viele Häuser leer.
Rechts: Brotzeit am Meer
Unten: An den heißen Quellen haben Erholungssuchende viele Becken zur Auswahl.

44
SE VENDE

Start- und Endpunkt
Espot und Barruera

Streckenlänge
130 km

Fahrzeit
2 1/2 Std.

Nicht verpassen
Wanderung zu den Seen im Vall de Boí

Der Nationalpark Aigüestortes i Estany de Sant Maurici

DIE WASSER DER PYRENÄEN

Wer sich auf der Hinfahrt nach Spanien – oder auch auf der Rückfahrt – noch die Pyrenäen ansehen möchte, dem empfehlen wir einen Besuch im Nationalpark Aigüestortes i Estany de Sant Maurici. Er befindet sich im katalanischen Teil des Gebirges und ist von zwei Tälern besonders gut zu erreichen. Ein Eingang in das Naturschutzgebiet befindet sich bei Espot. Wenn man von hier nach Westen das Tal entlang läuft, kommt man zu einem der Namensgeber des Nationalparks: zum Stausee Sant Maurici, über dem sich die spitzen Gipfel der Els Encantats – der »Verzauberten« erheben. Der Weg dorthin lässt sich bis zu einem Parkplatz am Eingang des Nationalparks mit dem Auto bewältigen. Ab dort führt ein schöner Weg durch den Wald zum See. Insgesamt läuft man etwa zwei Stunden. Nicht weit von seinem Ufer befindet sich das Refugi Ernest Mallafré. In dieser Hütte, die sich flach auf den Waldboden drückt, kommen Wanderer auf dem GR11 unter. Dieser Fernwanderweg verläuft entlang der Pyrenäen vom Mittelmeer bis zum Kantabrischen Meer.

Wäsche hängt zum Trocknen am Refugi Joan Ventosa i Calvell

Parkplatz an den Skiliften von Espot

Für die Nebensaison: Südlich von Espot gibt es ein Skigebiet mit einem großen Parkplatz. Um dorthin zu gelangen, muss man einmal durch den Ort fahren. Espot liegt gerade noch außerhalb des Nationalparks.

N 42°33'52.2" E 1°05'36.4"

Alternativ gibt es in und um Espot mehrere Campingplätze.

Parkplatz in der Nähe des Sant Maurici-Stausees

Espot Richtung Nordwesten verlassen und einfach der Straße folgen.

N 42°35'04.9" E 1°02'51.8"

Der Parkplatz liegt genau am Eingang zum Gebiet des Nationalparks. Damit befindet er sich in der Schutzzone, die den Park umgibt.

Nicht verpassen sollte man in Espot ein Wildschwein. Gegrillt und mit Pinienkernen und Rosinen garniert ist dieses die Spezialität im Restaurant Juquim im Ortskern. Auch alles andere schmeckt hier lecker, aber das Wildschwein ist ein besonderer Schmaus.

Restaurante Juquim
Plaça Sant Martí 2, 25597 Espot
0034/626/89 40 41

Stellplatz der Gemeinde in Barruera
Ein paar Hundert Meter vor dem Ortseingang rechts zum Fluss abbiegen.
N 42°30'04.6" E 0°47'45.2"
Parken ist kostenlos, offiziell aber nur zwischen 20 und 8 Uhr erlaubt. Daneben gibt es auch normale Parkplätze, außerdem einen Picknick-Bereich mit Tischen und Grillstelle. Frischwasser und Müllcontainer sind vorhanden. Barruera liegt außerhalb des Naturschutzgebietes.

Wandern im Vall de Boí

Die andere große Sehenswürdigkeit des Nationalparks sind die Aigüestortes, die »gewundenen Wasser«. Damit sind die vielen mäandernden Flüsse und Bäche zwischen den Bergen gemeint. Wir erwandern sie von unserem zweiten Stützpunkt im Vall de Boí aus. Eines der Dörfer im Tal ist das charmante Barruera, das wie die meisten hier aus Steinhäusern besteht. Am Fluss gibt es einen offiziellen Stellplatz.

Oben: Die Berggipfel spiegeln sich im Estany de Travessani.
Unten: Brotzeit mit Fuet und Olivenpaste aus Barruera

Auf dem Weg ins hintere Tal halten wir gleich in Barruera noch einmal an. Am Ortsausgang fällt uns die Bäckerei »La Mola« auf. Sie ist wirklich sehr klein, aber vollgepackt mit Gästen. Ein kleiner Tisch mit zwei Stühlen ist noch frei. Es gibt viele Gebäckspezialitäten und leckeren Kaffee. Auch zum Mitnehmen wird man hier fündig. Jetzt aber weiter: Wir fahren bis zur Staumauer des Estany de Cavallers, wo es einen Parkplatz als Ausgangspunkt für Wanderungen gibt. Die Route zu den vielen Seen im Nationalpark ist beliebt, doch je weiter wir laufen, desto weniger Leuten begegnen wir. Die Landschaft mit den Flüssen und Bächen ist herrlich. Zunächst geht es rechts herum am Stausee entlang. Dann steigen wir zwischen Wasserläufen in Richtung Refugi Joan Ventosa i Calvell auf. Es wird immer felsiger. Die Hütte steht hoch über einem tiefblauen See. Oberhalb der Zuflucht in den Bergen liegen noch mehrere Seen unterschiedlicher Größe. Wir suchen uns ein schönes Ufer zum Brotzeiten aus.

Ohne konkretes Ziel können Wanderer diese Wanderung so weit ausdehnen, wie sie wollen. Ein Wanderkarte gibt es unter anderem im Tourismusbüro von Barruera, das sich im westlichen Teil der Hauptstraße durch den Ort befindet.

Direkt von Barruera kann man über einen Pfad in das sehenswerte Dorf Durro aufsteigen. Es besteht so ziemlich komplett aus Stein – typisch für die Dörfer der Pyrenäen. Eine romanische Kirche überblickt das Tal von Boí auf 1300 Metern.

Parkplatz am Stausee Cavallers

Auf der L-500 ganz hinter ins Boí-Tal fahren. Wer sich ein paar Höhenmeter sparen möchte, nimmt nicht den ersten Parkplatz, sondern fährt noch zwei Kurven weiter hoch direkt unter die Staumauer.
N 42°35‘04.3“ E 0°51‘18.6“
Der Parkplatz liegt genau am Eingang zum Gebiet des Nationalparks. Damit befindet er sich in der Schutzzone, die den Park umgibt.

Von Barruera nach Durro

Vom Stellplatz geht es flussaufwärts, die zweite Brücke überqueren und kurz auf der Fahrstraße weiter. Bei N 42°30‘12.7“ E 0°48‘26.0“ rechts in den Pfad einbiegen und dem Weg durch den Wald immer bergauf nach Durro folgen.

Tourismusinformation in Barruera

Passeig Sant Feliu 43, 25527 Barruera
0034/973/69 40 00, vallboi@vallboi.com

Forn de Pa La Mola

Passeig Sant Feliu 49, 25527 Barruera
0034/973/69 40 36

Oben: Trotz der vielen Flüsse und Seen sollten Wanderer etwas zu trinken mitnehmen.
Unten: Fotogener Fliegenpilz am Wegesrand

REGISTER

Roadtrip-Bingo

Entenmuscheln essen	einen Gipfel über 1500 Meter besteigen	in einer Bar alle Tapas auf der Karte bestellen
beim Einschenken von Sidra das Glas treffen	morgens direkt nach dem Aufstehen ins Meer springen	am Ende der Erde stehen
gemeinsam mit den Van-Nachbarn kochen	um 21.30 Uhr zum Abendessen gehen	eine einsame Bucht finden

Stürmisches Meer und entspannter Angler im Baskenland

IMPRESSUM

Verantwortlich: Kerstin Thiele
Lektorat: Michaela Zelfel
Layout: Eva-Maria Klaffenböck
Repro: LUDWIG:media
Kartografie: Kartografie Huber
Herstellung: Anna Katavic
Printed in Slovenia by Florjacic

★★★★★

Sind Sie mit diesem Titel zufrieden? Dann würden wir uns über Ihre Weiterempfehlung freuen. Erzählen Sie es im Freundeskreis, berichten Sie Ihrem Buchhändler, oder bewerten Sie beim Onlinekauf. Und wenn Sie Kritik, Korrekturen, Aktualisierungen haben, freuen wir uns über Ihre Nachricht an Bruckmann Verlag, Postfach 40 02 09, D-80702 München oder per E-Mail an lektorat@verlagshaus.de.

Unser komplettes Programm finden Sie unter

www.bruckmann.de

In diesem Buch wird aus Gründen der besseren Lesbarkeit das generische Maskulinum verwendet. Weibliche und anderweitige Geschlechteridentitäten werden dabei ausdrücklich mitgemeint, soweit es für die Aussage erforderlich ist.

Bildnachweis:
Alle Fotos im Buch sind von Mareike und Maxi Busch.

Die Deutsche Nationalbibliothek verzeichnet diese Publikation in der Deutschen Nationalbibliografie; detaillierte bibliografische Daten sind im Internet über http://dnb.d-nb.de abrufbar.

Infanteriestraße 11a, 80797 München
ISBN 978-3-7343-1698-2